ROUBE COMO UM ARTISTA

10 DICAS SOBRE CRIATIVIDADE

Tradução de Leonardo Villa-Forte

AUSTIN KLEON

Rocco

Título original
STEAL LIKE AN ARTIST
10 Things Nobody told you about Being Creative

Copyright © 2012 *by* Austin Kleon
Copyright das ilustrações © 2012 *by* Austin Kleon

Capa: Austin Kleon

Edição brasileira publicada mediante acordo com
Workman Publishing Company, Inc., Nova York.

Todos os direitos reservados.
Nenhuma parte desta obra pode ser reproduzida ou transmitida por qualquer forma ou meio eletrônico ou mecânico, inclusive fotocópia, gravação ou sistema de armazenagem e recuperação de informação, sem a permissão escrita do editor.

Direitos para a língua portuguesa reservados com exclusividade para o Brasil à
EDITORA ROCCO LTDA.
Rua Evaristo da Veiga, 65 – 11º andar – Passeio Corporate – Torre 1
20030-040 – Rio de Janeiro – RJ
Tel.: (21) 3525-2000 – Fax:(21) 3525-2001
rocco@rocco.com.br / www.rocco.com.br

Printed in Brazil/Impresso no Brasil

Preparação de originais: Tiago Lyra

CIP-BRASIL. CATALOGAÇÃO NA PUBLICAÇÃO
SINDICATO NACIONAL DOS EDITORES DE LIVROS, RJ

K72r

    Kleon, Austin
        Roube como um artista : 10 dicas sobre criatividade / Austin Kleon ; tradução Leonardo Villa-Forte. - 1. ed. - Rio de Janeiro : Rocco, 2025. (Roube como um artista ; 1)

        Tradução de: Steal like an artist : 10 thing nobody told you about being creative
        ISBN 978-65-5532-545-4
        "Edição capa dura"

        1. Criatividade. 2. Sucesso nos negócios. 3. Desenvolvimento pessoal. I. Villa-Forte, Leonardo. II. Título. III. Série.

25-97193.0   CDD: 158.1
                      CDU: 159.947

Gabriela Faray Ferreira Lopes - Bibliotecária - CRB-7/6643

Impressão e acabamento: Geográfica

Para Boom —

tão logo que Boom chegue aqui

① ROUBE COMO UM ARTISTA. _ _ _ _ _ _ _ _ _ _ _ _ _ 10

② NÃO ESPERE ATÉ SABER QUEM VOCÊ É PARA COMEÇAR. _ _ _ _ _ _ _ _ _ _ _ _ _ _ _ 32

③ ESCREVA O LIVRO QUE VOCÊ QUER LER. _ _ _ _ _ _ _ _ _ _ _ _ _ _ _ _ _ _ 50

④ USE AS MÃOS. _ _ _ _ _ _ _ _ _ _ _ _ _ _ _ _ _ 58

⑤ PROJETOS PARALELOS E HOBBIES SÃO IMPORTANTES. _ _ _ _ _ _ _ _ _ _ _ _ _ _ 70

⑥ O SEGREDO: FAÇA UM BOM TRABALHO E COMPARTILHE-O COM AS PESSOAS. _____ 82

⑦ A GEOGRAFIA NÃO MANDA MAIS EM NÓS. _____ 94

⑧ SEJA LEGAL. (O MUNDO É UMA CIDADE PEQUENA.) _____ 106

⑨ SEJA CHATO. (É A ÚNICA MANEIRA DE TERMINAR UM TRABALHO.) _____ 124

⑩ CRIATIVIDADE É SUBTRAÇÃO. _____ 142

"Arte é furto."

– *Pablo Picasso*

"Poetas imaturos imitam;
poetas maduros roubam;
poetas ruins desfiguram o que pegam
e poetas bons transformam em algo
melhor, ou pelo menos diferente.
O bom poeta amalgama o seu furto
a um conjunto sensível que é único,
completamente diferente daquele
de onde foi removido."

– T. S. Eliot

EU, AOS 19 ANOS,
PODERIA ME VALER
DE ALGUNS CONSELHOS...

TODO CONSELHO É AUTOBIOGRÁFICO.

Uma das minhas teorias é a de que quando as pessoas dão conselhos, estão de fato apenas conversando com elas mesmas no passado.

Esse livro sou eu conversando com uma versão anterior de mim mesmo.

Essas são dicas que aprendi durante quase uma década tentando descobrir como fazer arte, mas uma coisa engraçada aconteceu quando comecei a compartilhá-las – percebi que não servem apenas para artistas. Servem para todo mundo.

Essas ideias servem para qualquer um que esteja tentando injetar alguma criatividade em sua vida e trabalho. (Isso deve valer para todos nós.)

Em outras palavras: Esse livro é para você.
Quem quer que você seja, o que quer que você faça.

Vamos começar.

O ROUBE UM

COMO ARTISTA.

COMO OLHAR PARA O MUNDO
(À MANEIRA DE UM ARTISTA)

Todo artista ouve a pergunta:

"De onde você tira as suas ideias?"

O artista honesto responde:

"Eu roubo."

Como um artista olha para o mundo?

Primeiro, você descobre o que vale a pena roubar, depois você segue para a próxima etapa.

Isso é tudo.

Quando você olha para o mundo dessa maneira, para de se preocupar com o que é "bom" e o que é "ruim" – há apenas coisas que valem a pena ser roubadas e coisas que não valem.

Tudo pode ser afanado. Se você não acha que alguma coisa merece ser roubada hoje, pode achar que vale a pena roubá-la amanhã ou daqui a um mês ou daqui a um ano.

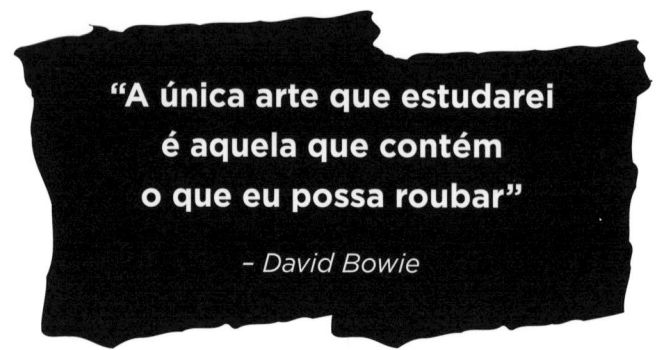

"A única arte que estudarei é aquela que contém o que eu possa roubar"

– David Bowie

NADA É ORIGINAL.

O escritor Jonathan Lethem disse que, quando as pessoas chamam algo de "original", nove entre dez vezes elas não conhecem as referências ou as fontes originais envolvidas.

O que um bom artista entende é que nada vem do nada. Todo trabalho criativo é construído sobre o que veio antes. Nada é totalmente original.

Está lá na Bíblia: "Não há nada de novo debaixo do sol." (Eclesiastes 1:9)

Alguns acham essa ideia deprimente, mas ela me enche de esperança. É como o escritor francês André Gide assinalou: "Tudo que precisa ser dito já foi dito. Mas, já que ninguém estava ouvindo, é preciso dizer outra vez."

Se estivermos livres do fardo de ser completamente originais, podemos parar de tentar construir algo do nada e abraçar a influência em vez de fugirmos dela.

"O que é originalidade? Plágio não detectado."
– William Ralph Inge

A GENEALOGIA DAS IDEIAS

Toda nova ideia é apenas um *mashup* ou um remix de uma ou mais ideias anteriores.

Aqui está um truque que ensinam em escolas de arte. Desenhe duas linhas paralelas em um pedaço de papel:

Quantas linhas estão aí?

Há a primeira linha, a segunda linha, mas há também a linha de não espaço que corre por entre as duas.

Entende? 1 + 1 = 3.

Um bom exemplo é a genética. Você tem um pai e uma mãe. Você carrega características de ambos, mas o seu somatório é maior que as partes deles. Você é um remix da sua mãe com o seu pai e todos seus ancestrais.

Assim como você tem uma genealogia familiar, possui também uma genealogia de ideias. Você não pode escolher sua família, mas pode selecionar seus professores e amigos e a música que escuta e os livros que lê e os filmes aos quais quer assistir.

Você é, de fato, um *mashup* do que escolhe deixar entrar na sua vida. Você é a soma das suas influências. O escritor alemão Goethe escreveu: "Nós somos talhados e moldados por aquilo que amamos."

"Fomos crianças sem pais... então encontramos nossos pais nos discos, nas ruas e na história. Tivemos que pegar e escolher os ancestrais que inspirariam o mundo que construiríamos para nós mesmos."

– Jay-Z

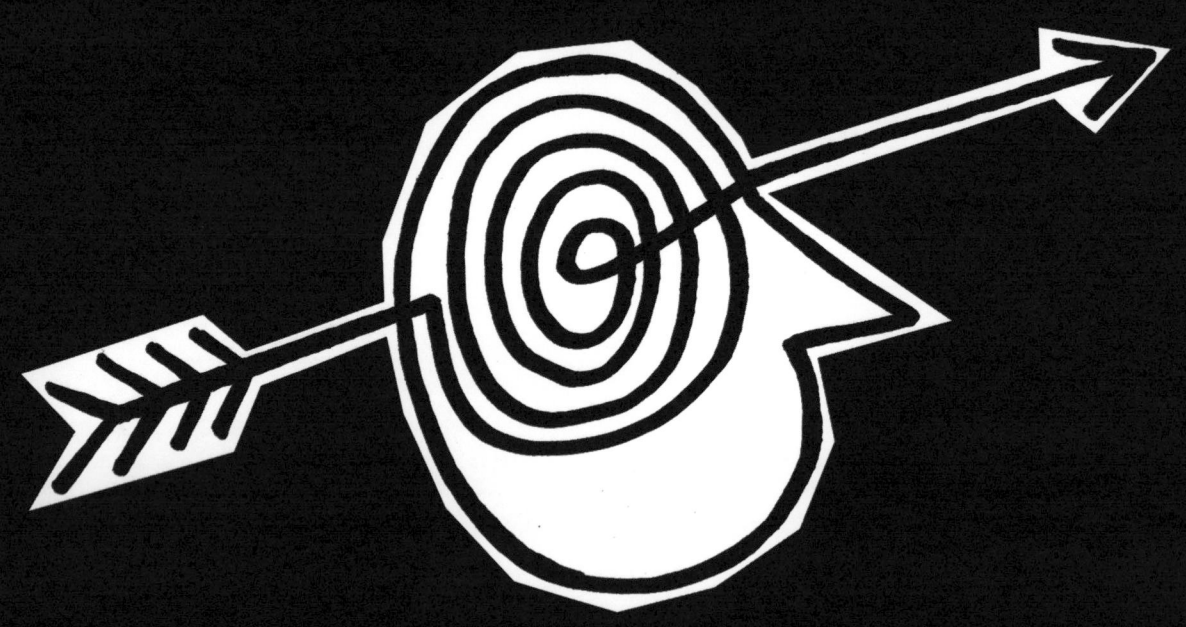

LIXO QUE ENTRA É LIXO QUE SAI.

Todo artista é um colecionador. Não um acumulador, há uma diferença: acumuladores colecionam indiscriminadamente, artistas colecionam seletivamente. Eles colecionam apenas coisas que realmente amam.

Há uma teoria econômica circulando por aí que diz que se você pegar as rendas de seus cinco amigos mais íntimos e fizer uma média, o resultado será algo bem próximo a sua própria renda.

Penso que a mesma coisa é verdadeira para nossas ideias. Você será tão bom quanto as coisas com as quais você se cerca. Minha mãe costumava me dizer: "Lixo que entra é lixo que sai."

Isso me deixava maluco. Mas agora sei o que ela queria dizer. Seu trabalho é colecionar boas ideias. Quanto mais ideias boas você tiver coletado, mais fontes terá para poder escolher quais irão te influenciar.

> "Roube qualquer coisa que ressoe em você, que inspire ou abasteça sua imaginação. Devore filmes antigos, filmes novos, música, livros, pinturas, fotografias, poemas, sonhos, conversas aleatórias, arquitetura, pontes, sinais de rua, árvores, nuvens, bacias hidrográficas, luz e sombras. Para roubar, selecione apenas coisas que falam diretamente à sua alma. Se você assim fizer, seu trabalho (e furto) será autêntico."
>
> *– Jim Jarmusch*

SUBA NOS GALHOS DE SUA PRÓPRIA ÁRVORE GENEALÓGICA.

Marcel Duchamp dizia: "Eu não acredito em arte. Acredito em artistas." Esse é um método realmente muito bom de estudo – se você tentar devorar a história da sua disciplina de uma vez só, vai engasgar.

Em vez disso, mastigue um pensador – escritor, artista, ativista, alguém exemplar – que você realmente ame. Estude tudo que há para se conhecer sobre esse pensador. Em seguida, encontre três pessoas que esse pensador amou e descubra tudo sobre elas.

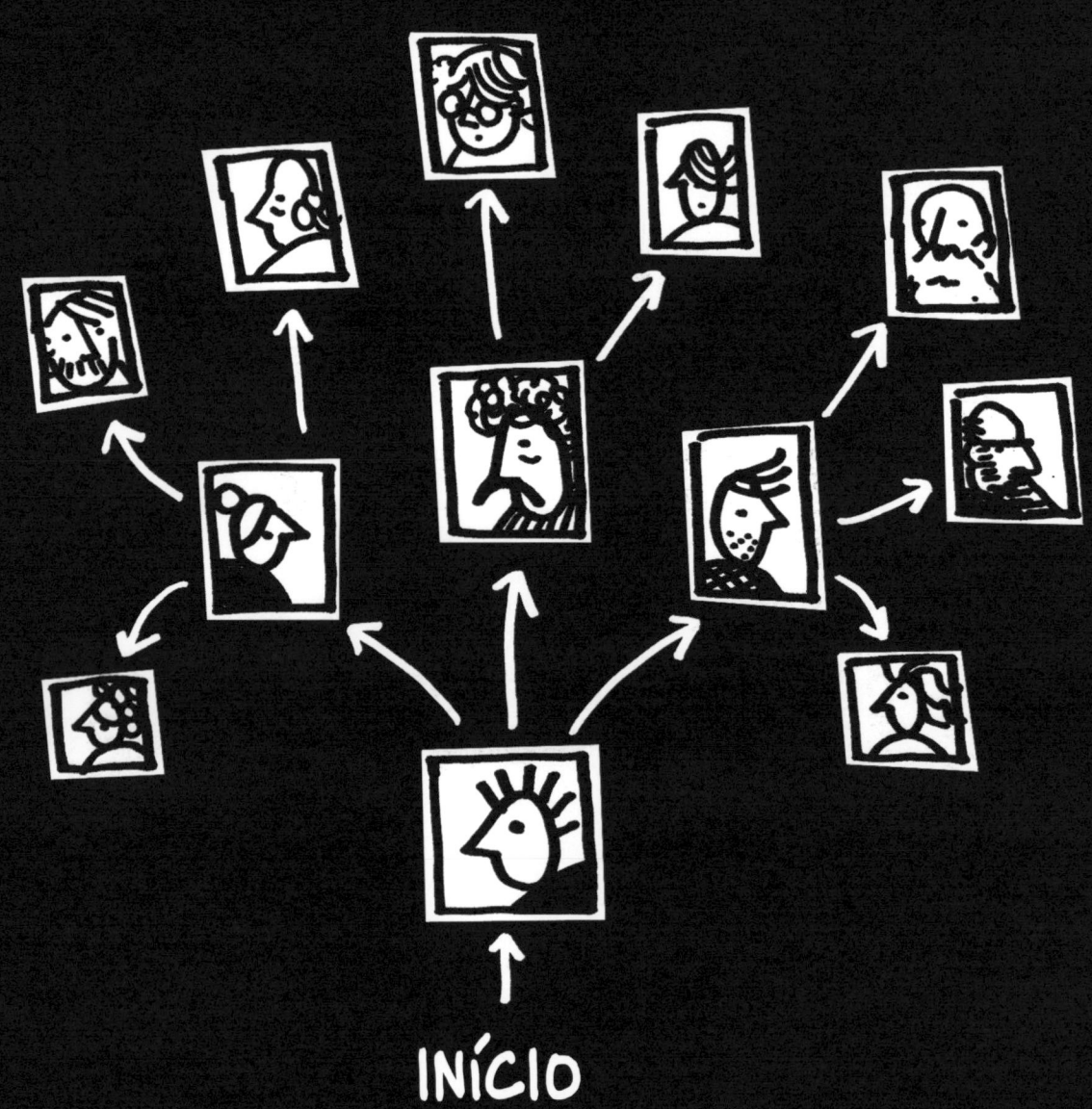
INÍCIO

Repita isso quantas vezes puder. Vá subindo na árvore o mais alto possível. Uma vez montada a sua árvore, é hora de fazer brotar seu próprio galho.

Ver a si mesmo como parte de uma linhagem criativa o ajudará a sentir-se menos sozinho enquanto você começa a desenvolver o seu próprio trabalho. Eu penduro fotos dos meus artistas favoritos no meu estúdio. São como fantasmas amigáveis. Quase posso senti-los me empurrando para a frente quando estou debruçado sobre minha mesa.

A melhor coisa a respeito de mestres mortos ou distantes é que eles não podem recusá-lo como aprendiz. Você pode aprender o que quiser com eles. Eles deixaram seus planos de aula em suas obras.

1. leia profundamente
2. mantenha sua mente aberta
3. continue a divagar
4. jogue tudo no Google

ESCOLARIZE-SE.

Escola é uma coisa. Educação é outra. As duas nem sempre se sobrepõem. Estando ou não na escola, é sempre sua tarefa melhorar a sua educação.

Você tem que ser curioso com relação ao mundo em que vive. Confira. Investigue cada referência. Vá mais fundo do que qualquer outro – é assim que você irá em frente.

Dê um Google em tudo. Mesmo. Dê um Google nos seus sonhos, nos seus problemas. Não faça uma pergunta antes de você dar um Google nela. Você vai encontrar a resposta ou vai acabar esbarrando numa pergunta melhor.

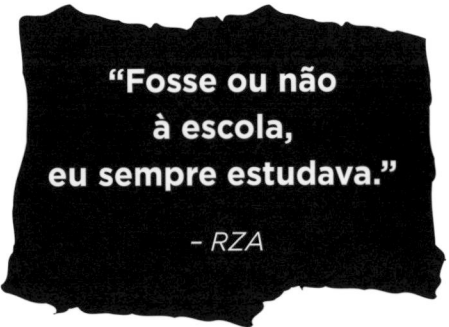

"Fosse ou não à escola, eu sempre estudava."

– RZA

Leia sempre. Vá à biblioteca. Há magia em estar rodeado de livros. Perca-se pelas estantes. Leia bibliografias. O negócio não é o livro com o qual você começa, mas o livro ao qual aquele livro te levará.

Colecione livros, mesmo que não planeje lê-los no momento. O cineasta John Waters falou: "Nada é mais importante do que uma biblioteca não lida."

Não se preocupe em fazer pesquisa. Apenas busque.

GUARDE SEUS FURTOS PARA MAIS TARDE.

Carregue um caderno e uma caneta com você aonde quer que vá. Acostume-se a sacá-los e a tomar nota dos seus pensamentos e observações. Copie suas passagens favoritas dos livros. Grave conversas que ouviu por aí. Rabisque enquanto fala ao telefone.

Faça o que for necessário para garantir sempre ter algum papel com você. O artista David Hockney fez com que todos os bolsos internos dos seus casacos fossem adaptados para que neles coubessem cadernos. O músico Arthur Russell gostava de usar camisas com dois bolsos frontais para que pudesse preenchê-los com pedaços de partituras.

Mantenha um arquivo de furtos. É isso mesmo o que parece – um arquivo para não perder de vista as coisas que você furtou dos outros. Pode ser digital ou analógico – não importa a forma, contanto que funcione. Você pode ter um caderno e recortar e colar coisas nele ou pode simplesmente tirar fotos de coisas com a câmera do seu celular.

Viu algo que vale a pena roubar? Ponha no arquivo de furtos. Precisa de um pouco de inspiração? Abra o arquivo de furtos. Repórteres jornalísticos chamam isso de "arquivo morto" – gosto ainda mais desse nome. Seu arquivo morto é onde você mantém as coisas mortas que mais tarde você reanimará no seu trabalho.

"É melhor pegar o que não lhe pertence do que deixar por aí esquecido."

– Mark Twain

② NÃO ATÉ SABER É PARA

ESPERE
QUEM VOCÊ
COMEÇAR.

 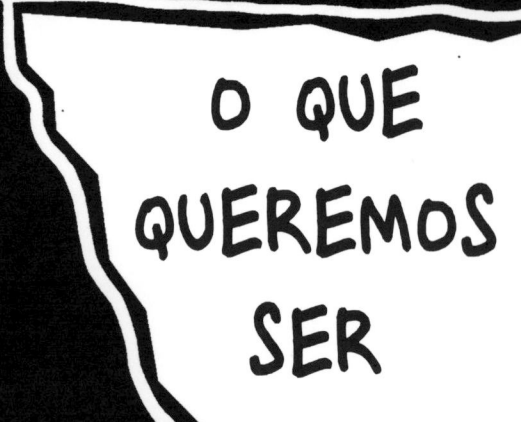

FAÇA, CONHEÇA A TI MESMO.

Se tivesse esperado para saber quem eu era ou o que eu queria fazer antes de começar a "ser criativo", bem, eu ainda estaria sentado tentando me entender em vez de estar fazendo o que quer que seja. Pela minha experiência, é no ato de criar e de fazer nosso trabalho que descobrimos quem somos.

Você está pronto. Comece a fazer.

Você pode estar com medo de começar. Isso é natural. Existe essa ameaça muito real para todo mundo que é bem-educado. Chama-se "síndrome do impostor".

A definição clínica é "fenômeno psicológico no qual as pessoas ficam incapazes de internalizar suas realizações". Isso quer dizer que você se sente um embuste, como se estivesse apenas improvisando e não tivesse ideia alguma do que está fazendo.

Adivinhe só: nenhum de nós tem. Pergunte a qualquer um que esteja fazendo um trabalho verdadeiramente criativo, e ele dirá a você a verdade: não sabe de onde as coisas interessantes vêm. Ele apenas está lá fazendo o trabalho dele. Todo dia.

FINGIR ATÉ CONSEGUIR.

Já ouviu falar de dramaturgia? É um termo pomposo para algo que William Shakespeare descreveu detalhadamente em sua peça *Como gostais*, por volta de 400 anos atrás:

O mundo inteiro é um palco,

E todos os homens e mulheres não passam de meros atores:

Eles entram e saem de cena;

E cada um a seu tempo representa diversos papéis.

Outra maneira de dizer isso? *Fingir até conseguir.*

Adoro essa frase. Há duas maneiras de lê-la:

1. Finja ser algo que você não é, até ser – finja até ser bem-sucedido, até todos te olharem da maneira como você quer; ou

2. Finja fazer algo até estar realmente fazendo algo.

Adoro as duas leituras – você precisa se vestir de acordo com o trabalho que quer, não de acordo com o trabalho que tem, e precisa começar a fazer o trabalho que quer agora.

Também adoro o livro *Só garotos*, da cantora e poeta Patti Smith. É uma história sobre como dois amigos que queriam ser artistas se mudaram para Nova York. Sabe como aprenderam a ser artistas?

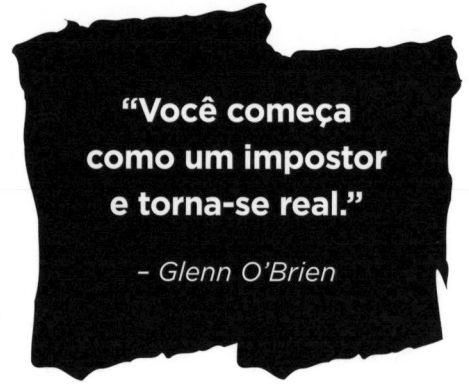

> "Você começa como um impostor e torna-se real."
> – Glenn O'Brien

- O ROTEIRO
- O EQUIPAMENTO
- O PALCO

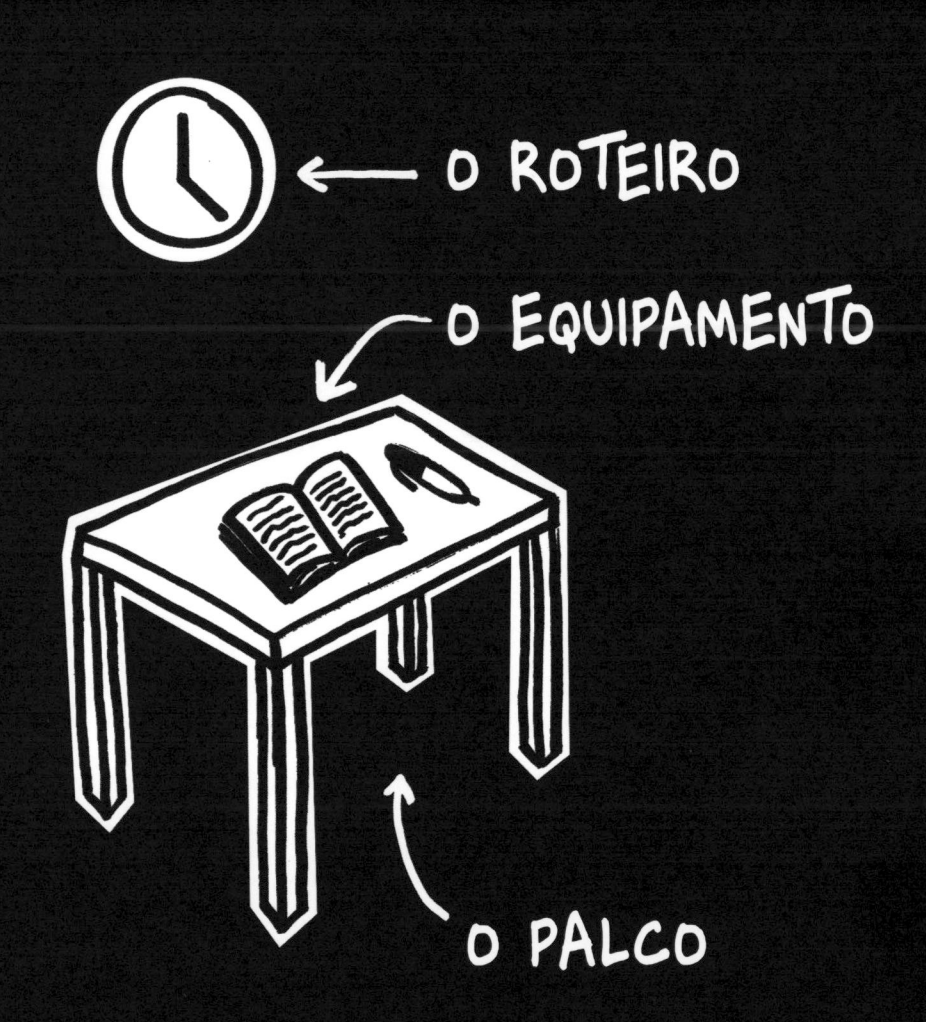

Eles fingiam ser artistas. Na minha cena favorita, da qual o livro extrai o seu título, Patti Smith e seu amigo, o fotógrafo Robert Mapplethorpe, vestem seus figurinos de ciganos boêmios e vão para Washington Square Park, onde todo mundo está. Um casal de velhinhos turistas olham para eles boquiabertos. A esposa diz ao marido: "Tira uma foto deles. Acho que são artistas." "Ah, vamos andando", o marido discorda, "são só garotos."

A questão é: o mundo inteiro é um palco. Trabalho criativo é um tipo de teatro. Seu palco é o seu estúdio, sua mesa ou sua estação de trabalho. O figurino são os seus trajes – suas calças de pintor, seu terno de negócios ou aquele chapéu engraçado que te ajuda a pensar. Os equipamentos são seus materiais, suas ferramentas e seus formatos. O roteiro é só o simples e velho tempo. Uma hora aqui ou uma hora ali – apenas tempo calculado para que coisas aconteçam.

Fingir até conseguir.

COMECE COPIANDO.

Ninguém nasce com um estilo ou uma voz. Não saímos do útero sabendo quem somos. No começo, aprendemos fingindo que somos nossos heróis. Aprendemos copiando.

Estamos falando de prática, não de plágio – plágio é tentar fazer o trabalho de outro passar por seu. Copiar é engenharia reversa. É como um mecânico removendo partes de um carro para ver como ele funciona.

> "Comece copiando o que você ama. Copie copie copie copie. Ao final da cópia, você encontrará a si mesmo."
>
> – *Yohji Yamamoto*

A MÃO HUMANA É INCAPAZ
DE FAZER UMA CÓPIA PERFEITA.

Aprendemos a escrever copiando o alfabeto. Músicos aprendem a tocar treinando escalas. Pintores aprendem a pintar reproduzindo obras-primas.

Lembre-se: Até os Beatles começaram como uma banda cover. Paul McCartney confessou: "Eu imitei Buddy Holly, Little Richard, Jerry Lee Lewis, Elvis. Todos nós fizemos isso." McCartney e seu parceiro John Lennon tornaram-se uma das maiores duplas de compositores da história, mas como McCartney lembra, eles começaram a compor suas próprias músicas somente "como uma maneira de evitar que outras bandas tocassem o nosso repertório". É exatamente como Salvador Dalí alfinetou: "Aqueles que não querem imitar nada, produzem coisa alguma."

Primeiro, você tem que descobrir quem vai copiar. Depois, tem que descobrir o que vai copiar.

Escolher a quem copiar é fácil. Você copia os seus heróis – as pessoas que ama, as pessoas que te inspiram, as pessoas que você quer ser. O compositor Nick Lowe aponta: "Você começa reescrevendo o catálogo dos seus heróis." E você não rouba apenas um dos seus heróis, rouba de todos eles. Para o escritor Wilson Mizner, se você copia de um autor, isso é plágio, mas se você copia de muitos, é pesquisa. Uma vez ouvi o cartunista Gary Panter dizer: "Se há uma pessoa que te influencia, todos dirão que você é o seu sucessor. Mas se você rouba de cem pessoas, todos dirão que você é muito original!"

O que copiar é um pouco mais complicado. Não se limite a roubar o estilo, roube o pensamento por trás do estilo. Você não quer parecer os seus heróis, você quer enxergar como eles.

A razão de copiar seus heróis e o estilo deles é que assim você talvez vislumbre o que vai em suas mentes. É isso o que você realmente quer – internalizar o modo como eles olham para o mundo. Se você apenas mimetizar a aparência do trabalho de alguém sem entender de onde ele brota, seu trabalho nunca será mais do que uma farsa.

IMITAÇÃO NÃO É BAJULAÇÃO.

> "Queremos que você pegue de nós. Queremos, primeiro, que você roube de nós porque você não sabe roubar. Você vai pegar o que damos e colocar na sua própria voz, e é assim que encontrará a sua voz. É assim que se começa. E então um dia alguém vai roubar de você."
>
> – *Francis Ford Coppola*

Em algum momento, você terá que passar da imitação dos seus heróis para a emulação deles. Imitação tem a ver com copiar. Emulação é quando a imitação dá um passo adiante e ganha sua própria forma.

"Não há uma jogada que seja uma jogada nova." A estrela do basquete Kobe Bryant admitiu que todas as suas jogadas na quadra foram roubadas dos vídeos que assistia. Mas no início, quando Bryant as roubava, percebeu que não podia executá-las completamente porque não tinha o mesmo tipo físico dos caras de quem estava roubando. Ele precisou adaptar as jogadas para torná-las suas.

Conan O'Brien mostrou como comediantes tentam emular seus heróis, fracassam, e por isso acabam criando o seu próprio material. Johnny Carson tentou ser Jack Benny mas acabou Johnny Carson. David Letterman tentou copiar Johnny Carson mas acabou David Letterman. E Conan O'Brien tentou ser David Letterman mas acabou Conan O'Brien. Nas palavras de O'Brien: "É o nosso fracasso em nos tornar o que percebemos como ideal que no fim das contas nos define e nos torna únicos." Ainda bem.

BOM ROUBO	MAU ROUBO
HONRA	DEGRADA
ESTUDA	FOLHEIA
ROUBA DE VÁRIOS	ROUBA DE UM
CREDITA	PLAGIA
TRANSFORMA	IMITA
REMIXA	EXTIRPA

"Eu roubei todas essas jogadas
de todos esses grandes jogadores.
Tento honrar os caras que vieram antes,
porque aprendi muito com eles.
É tudo em nome do jogo.
É muito maior do que eu."

– *Kobe Bryant*

Uma falha maravilhosa que há nos seres humanos é o fato de sermos incapazes de fazer uma cópia perfeita. É em nossa falha em copiarmos nossos heróis que descobrimos onde está o que é nosso. É assim que evoluímos.

Portanto: copie seus heróis. Perceba onde você fica aquém. O que existe aí que o torna diferente? Isso é o que você deveria ampliar e transformar em seu próprio trabalho.

No fim das contas, a mera imitação de seus heróis não é homenagem. Transformar o trabalho deles em algo seu, sim, é homenageá-los. Dando algo ao mundo que só você poderia conceber.

③ ESCREVA QUE VOCÊ

O LIVRO QUER LER.

① JUNTE OS RAMOS NA SUA ÁRVORE

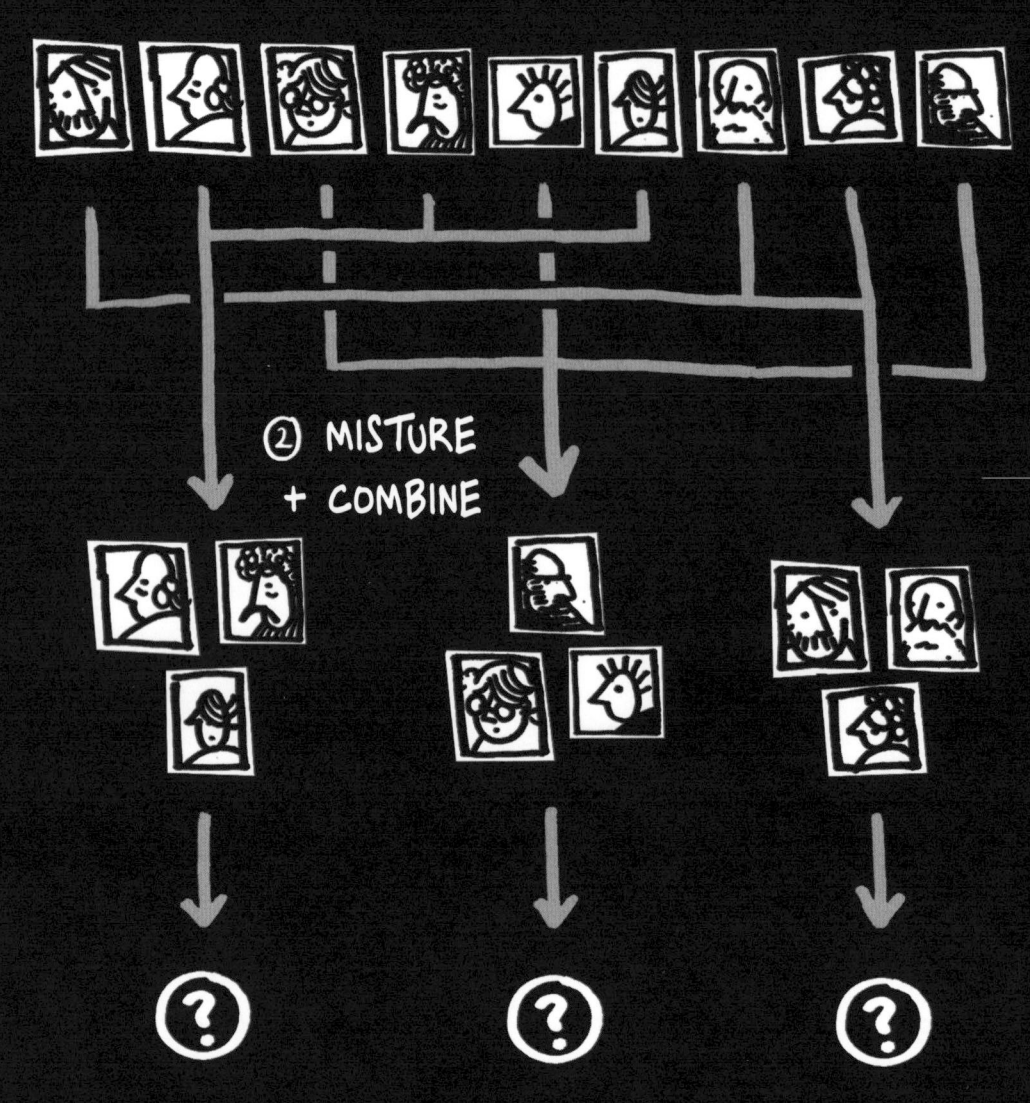

② MISTURE + COMBINE

③ FAÇA O QUE ELES FARIAM

ESCREVA SOBRE O QUE VOCÊ ~~CONHECE~~ GO<u>STA</u>.

O filme *Parque dos dinossauros* foi lançado quando eu tinha 10 anos. Adorei. Assim que saí do cinema, fiquei louco por uma continuação, então, no dia seguinte, sentei e redigi uma continuação no meu velho PC. Na minha versão, o filho do guarda-florestal que é comido por Velociraptors volta à ilha com a neta do cara que construiu o parque. Um deles quer destruir o que restou do parque, o outro quer salvar. Claro, eles se apaixonam e se metem em aventuras.

Na época eu não sabia, mas estava escrevendo o que hoje se chama de *fan fiction* – histórias ficcionais baseadas em personagens que já existem.

Aos 10 anos, salvei a história na memória do computador. Alguns anos depois, *O mundo perdido* finalmente foi lançado. E era péssimo. A continuação real sempre nos decepciona se comparada à continuação que criamos em nossas mentes.

A pergunta que todo escritor iniciante se faz em algum momento é: "O que devo escrever?" E a resposta-padrão é: "Escreva sobre o que você conhece."

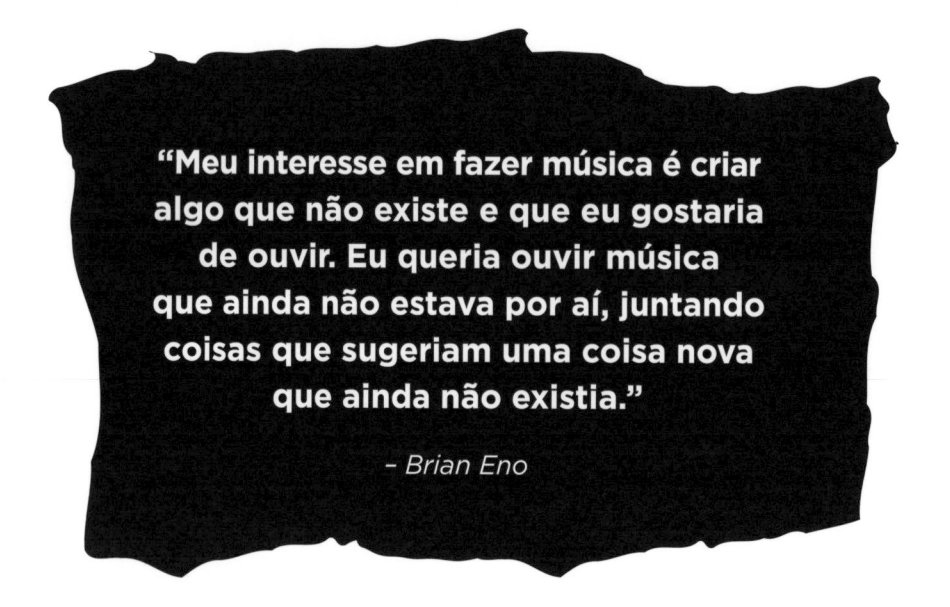

> "Meu interesse em fazer música é criar algo que não existe e que eu gostaria de ouvir. Eu queria ouvir música que ainda não estava por aí, juntando coisas que sugeriam uma coisa nova que ainda não existia."
>
> – Brian Eno

Esse conselho sempre leva a histórias terríveis em que nada incrível acontece.

Fazemos arte porque gostamos de arte. Somos atraídos por certos tipos de trabalhos porque as pessoas que fazem esses trabalhos nos inspiram. Toda ficção é, na verdade, *fan fiction*.

O melhor conselho que tenho a dar não é que você escreva sobre o que você conhece, é que escreva o que gosta. Escreva o tipo de história de que você mais gosta – escreva a história que você quer ler. O mesmo princípio se aplica à sua vida e carreira: sempre que estiver perdido sobre o que fazer em seguida, pergunte-se: "o que faria disso uma história melhor?"

Bradford Cox, membro da banda Deerhunter, conta que, quando era criança, não havia internet, e por isso precisava esperar até o dia do lançamento oficial do novo álbum de sua banda favorita. Ele tinha uma brincadeira: sentava e gravava uma versão "pirata" de como gostaria que soasse o álbum novo. Depois, quando o álbum era lançado, comparava as músicas que havia composto com aquelas do álbum verdadeiro. E, veja só, muitas dessas músicas acabaram se tornando canções de sua banda.

Quando amamos uma obra, ficamos desesperados por mais. Suspiramos por continuações. Por que não direcionar esse desejo para algo produtivo?

Pense na sua obra favorita e em seus heróis. O que foi que eles esqueceram de fazer? O que poderia ter sido feito? Se ainda estivessem vivos, o que estariam fazendo hoje? Se todos seus criadores favoritos se reunissem e colaborassem, o que eles fariam com você na liderança da equipe?

Vá fazer isso.

O manifesto é esse: desenhe a arte que você quer ver, comece o negócio que quer gerir, toque a música que quer ouvir, escreva os livros que quer ler, crie os produtos que quer usar – faça o trabalho que você quer ver pronto.

UMA IDEIA — DUAS IDEIAS — TRÊS IDEIAS — QUATRO IDEIAS

CINCO IDEIAS — SEIS IDEIAS — SETE IDEIAS — OITO IDEIAS

NOVE IDEIAS — DEZ IDEIAS — ... — ∞ IDEIAS

④ USE

AS MÃOS.

> "Não sabemos de onde nossas ideias vêm. O que sabemos é que elas não vêm dos nossos laptops."
>
> *- John Cleese*

SAIA DA FRENTE DA TELA.

Minha cartunista favorita, Lynda Barry, tem esse ditado: "Em nossa era digital, não esqueça de usar suas digitais!" Suas mãos são os dispositivos digitais originais. Use-as.

Mesmo amando meu computador, acho que computadores roubaram o sentimento de que estamos verdadeiramente fazendo coisas. Em vez disso, parece que estamos apenas batendo em teclas e clicando em botões de mouse. É por isso que o trabalho gerado pelo conhecimento parece tão abstrato. O artista Stanley Donwood, que fez a arte gráfica de todos os álbuns da banda Radiohead desde 1995, diz que computadores são alienantes porque colocam uma placa de vidro entre você e qualquer coisa que esteja acontecendo. "Você nunca pode tocar de verdade o que quer que faça, a não ser que imprima", diz Donwood.

Observe pessoas usando o computador. Elas ficam tão paradas, tão imóveis. Não é preciso um estudo científico (e há vários deles) para dizer que sentar em frente a um computador o dia inteiro está matando você, e matando seu trabalho. Precisamos nos mover, para sentir que estamos fazendo algo com nossos corpos, não só com nossas cabeças.

Trabalho que vem só da mente não é nada bom. Observe um grande músico numa apresentação. Observe um grande líder numa palestra. Você entenderá o que quero dizer.

É preciso encontrar uma maneira de fazer com que nosso corpo seja parte do trabalho. Nossos nervos não são uma rua de mão única – nossos corpos podem dizer aos nossos cérebros tanto quanto nossos cérebros podem dizer aos nossos corpos. Sabe aquela frase, "pôr o corpo para trabalhar"? Isso é o que há de tão legal na criação: se simplesmente começarmos a nos movimentar,

ARTE QUE VEM SÓ DA MENTE
NÃO É NADA BOA.

"Eu tenho olhado tempo demais para os retângulos planos e brilhantes das telas de computador. Torço para que nos deem mais tempo para fazer coisas no mundo real... plantar uma planta, passear com os cachorros, ler um livro de verdade, ir à ópera."

– *Edward Tufte*

se arranharmos um violão, ou embaralharmos anotações e recados numa mesa de reunião, ou começarmos a modelar barro, a ação dispara nosso cérebro e o leva a pensar.

Quando eu participava de workshops de escrita criativa na faculdade, tudo que fazíamos tinha que estar em espaçamento duplo e em fonte Times New Roman. E o que eu produzia era simplesmente horrível. Escrever deixou de ser divertido para mim. O poeta Kay Ryan constata: "Antigamente, antes das disciplinas de escrita criativa, um workshop era um lugar, geralmente um porão, onde se serrava, martelava, perfurava ou esboçava alguma coisa." O escritor Brian Kiteley gosta de manter seus workshops leais ao sentido original da palavra: "um cômodo iluminado, arejado, cheio de ferramentas e materiais brutos onde a maioria do trabalho é feito usando as mãos".

Foi só quando comecei a trazer ferramentas analógicas de volta ao meu processo que fazer coisas tornou-se divertido de novo e meu trabalho começou a melhorar. Para o meu primeiro livro, *Newspaper Blackout*, tentei fazer com que o processo empregasse minhas mãos o máximo possível. Cada poema naquele livro foi feito com um artigo de jornal e uma caneta marca-texto. O processo envolvia a maioria dos meus sentidos: a sensação do jornal impresso nas minhas mãos, a visão de palavras desaparecendo debaixo dos meus traçados, o leve chiado da ponta de feltro da caneta, o odor dos vapores da caneta – havia uma espécie de magia em tudo isso. Quando estava fazendo os poemas, não parecia um trabalho. Era como brincar.

O computador é muito bom para editar suas ideias, e é muito bom para deixá-las prontas para publicar e lançá-las ao mundo, mas não é muito bom para gerar ideias. Há várias oportunidades para pressionar a tecla delete. O computador estimula o perfeccionista perturbado em nós – começamos a editar ideias antes de tê-las. O cartunista Tom Gauld diz que fica longe do computador até ter feito a maior parte da elaboração para suas tiras, porque, assim que o computador entra em cena, "as coisas já se encontram no rumo inevitável da finalização. Enquanto no meu caderno de esboços as possibilidades são infinitas".

Quando chegou a hora de organizar *Newspaper Blackout*, eu escaneei todos os poemas e os imprimi pequenos, cada

DIGITAL · ANALÓGICO

(MEU ESCRITÓRIO)

um do tamanho de um quarto de uma folha de papel. Então os espalhei pelo meu escritório, rearranjei em pilhas e depois em um monte cuja ordem copiei de volta para o computador. Foi assim que o livro foi feito – primeiro mãos, depois computador, depois mãos e depois computador. Um tipo de *loop* analógico-digital.

É dessa maneira que tento fazer todo meu trabalho agora. Tenho duas mesas no meu escritório – uma é "analógica" e a outra é "digital". A mesa analógica não tem nada além de marca-textos, canetas, lápis, papel, cartões e jornal. Nada eletrônico é permitido nela. Ali, grande parte do meu trabalho nasce, e a mesa fica coalhada de rastros físicos, pedaços e resíduos do meu processo. (Diferente de um disco rígido, papel não falha.) A mesa digital tem meu laptop, meu monitor, meu scanner e meu tablet de desenho. Ali edito e publico meu trabalho.

Experimente: se você tem o espaço necessário, arrume duas estações de trabalho, uma analógica e outra digital. Mantenha fora de sua estação analógica qualquer coisa eletrônica. Pegue um trocado, vá até a seção de material escolar da loja mais próxima e leve papel, canetas e bloquinhos adesivos. Quando voltar à sua estação analógica, finja que é a hora do ofício. Rabisque no papel, corte-o e cole os pedaços de volta. Fique de pé enquanto trabalha. Com tachinhas, prenda coisas nas paredes e procure por padrões. Espalhe coisas pelo seu espaço e se embrenhe nelas fazendo uma seleção.

Assim que começar a ter suas ideias, você poderá se mudar para a sua estação digital e usar o computador para ajudá-lo a executá-las e publicá-las. Quando começar a perder o pique, volte para a estação analógica e brinque.

⑤ PROJETOS E HOBBIES

PARALELOS SÃO IMPORTANTES.

"O trabalho que você faz enquanto fica enrolando é provavelmente o trabalho que você deveria estar fazendo para o resto da sua vida."

– Jessica Hische

PRATIQUE A PROCRASTINAÇÃO PRODUTIVA.

Uma coisa que aprendi em minha breve carreira: são os projetos paralelos que realmente decolam. Projetos paralelos são as coisas que você pensou que eram apenas distrações. Coisas que são só brincadeiras. Essas, na verdade, são as coisas boas. É aí que tudo acontece.

Acho que é bom ter vários projetos caminhando ao mesmo tempo para que você possa saltar entre eles. Quando enjoar de um projeto, pule para outro, e quando estiver enjoado deste, pule para o projeto anterior. Pratique a procrastinação produtiva.

1. glance out the window

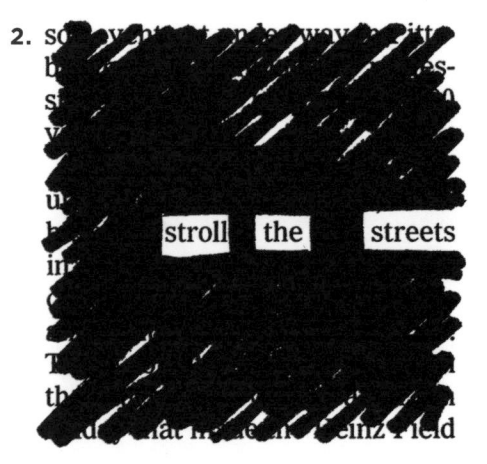

2. stroll the streets

3. G O outside

4. eat a sandwich

1. espie pela janela
2. vague pelas ruas
3. vá lá fora
4. coma um sanduíche

Reserve tempo para ficar entediado. Uma vez escutei um colega de trabalho dizer: "Quando fico muito ocupado, fico idiota." Totalmente de acordo. Pessoas criativas precisam de tempo para sentar e não fazer nada. Tenho algumas das minhas melhores ideias quando estou entediado, e é por isso que nunca levo minhas camisas para a lavanderia. Eu adoro passar minhas camisas – é tão entediante que quase sempre gera em mim boas ideias. Se está sem ideias, lave a louça. Faça uma longa caminhada. Fique olhando para um ponto na parede o máximo de tempo que puder. Como a artista Maira Kalman diz: "Evitar trabalho é a maneira de focar minha mente."

Reserve tempo para se distrair. Perca-se. Sonhe. Nunca se sabe aonde isso vai levar.

NÃO JOGUE FORA NENHUMA PARTE SUA.

Se você tem duas ou três paixões, não sinta como se precisasse escolher entre elas e ficar com uma. Não descarte. Mantenha todas suas paixões na sua vida. Isso é algo que aprendi com o dramaturgo Steven Tomlinson.

> "Não dá para ligar os pontos olhando para a frente, você os liga olhando para trás."
>
> – Steve Jobs

ATTENTION
Do not
leave your
longings
unattended

ATENÇÃO
Não deixe seus desejos desassistidos

NÃO SE PREOCUPE COM A COERÊNCIA ENTRE UMA PARTE E OUTRA — O QUE UNIFICA TODO O SEU TRABALHO É O FATO DE QUE VOCÊ O FEZ.

Tomlinson sugere que, se você ama coisas diferentes, continue passando tempo com elas. "Deixe-as conversando entre si. Algo começará a acontecer."

O negócio é: você pode cortar algumas paixões da sua vida e focar somente em uma, mas depois de um tempo, começará a sentir a dor da amputação.

Eu passei meus anos de adolescência obcecado em compor músicas e tocar em bandas, mas depois decidi que precisava focar só na escrita, e então passei metade de uma década praticamente sem tocar música alguma. A dor do membro fantasma ficou cada vez pior.

Por volta de um ano atrás, comecei a tocar numa banda de novo. Hoje, começo a me sentir inteiro. E o que é louco nisso é que, em vez da música me distanciar da minha escrita, vejo que interage com ela e a torna melhor – posso sentir que novas sinapses estão se acendendo no meu cérebro e novas conexões estão sendo feitas. Praticamente a metade das pessoas com quem trabalho é da área musical (isso não é incomum em Austin, no Texas), e eles não são todos "criativos" – muitos são executivos financeiros, empreendedores e assemelhados. De qualquer modo, todos dizem a mesma coisa: música os alimenta para o trabalho.

É importante ter um hobby. Um hobby é algo criativo que é só para você. Você não tenta ganhar dinheiro ou ficar famoso com isso, faz apenas porque o deixa feliz. Um hobby é algo que dá e não tira. Enquanto minha arte é para o mundo ver, a música é só para mim e meus amigos. Nos encontramos todo domingo e fazemos barulho por algumas horas. Sem pressão, sem planos. É regenerativo.
É como um culto.

Não jogue fora nenhuma parte sua. Não se preocupe com um grande projeto ou uma visão unificada do seu trabalho. Não se preocupe com unidade – o que unifica seu trabalho é o fato de que você o fez. Um dia, você vai olhar para trás e tudo fará sentido.

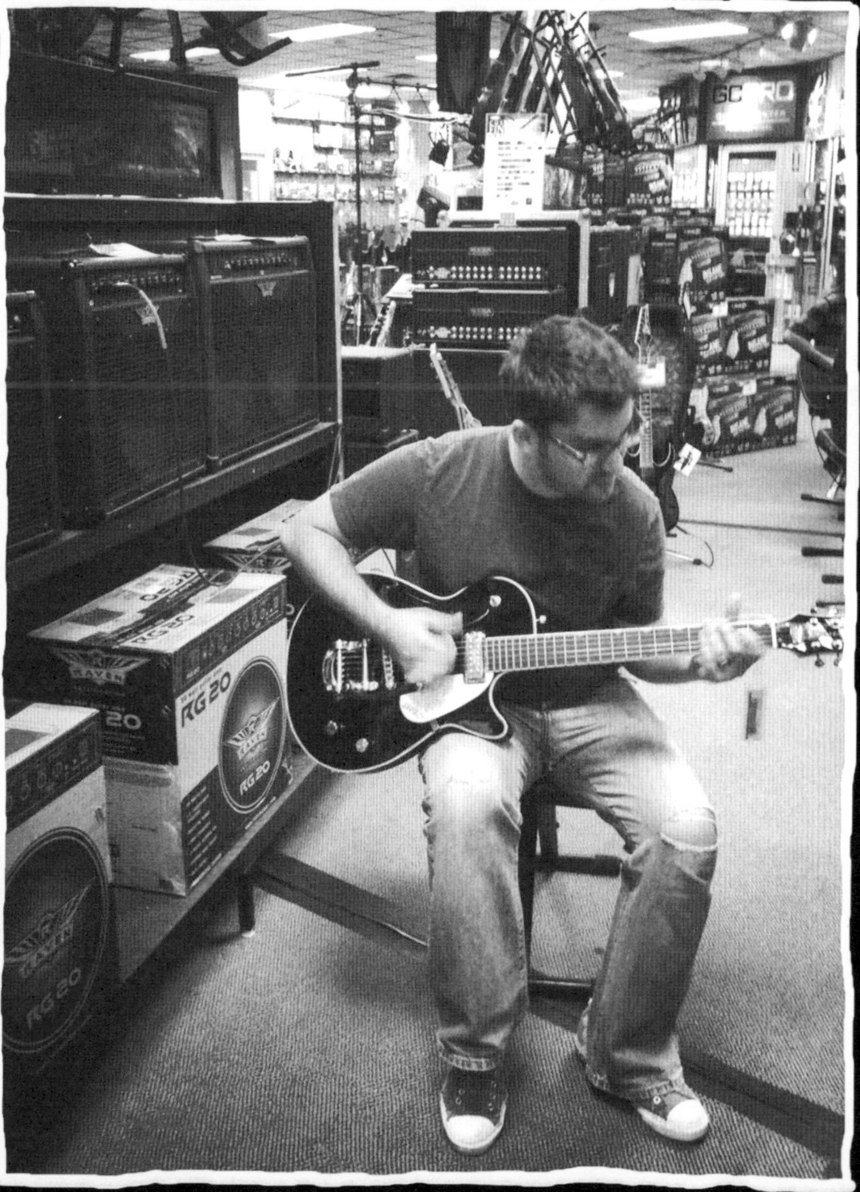
RAVEN
RG 20
RG 20

⑥ O SEGREDO:

TRABALHO E COM AS

FAÇA UM BOM COMPARTILHE-O PESSOAS.

O QUE VOCÊ AMA

O QUE TE AMA DE VOLTA

↑

SE VOCÊ FOR SORTUDO.

NO COMEÇO, SER DESCONHECIDO É BOM.

Recebo muitos e-mails de jovens perguntando: "Como posso ser descoberto?"

Eu me solidarizo com eles. Há um tipo de decepção que acontece quando você sai da universidade. A sala de aula é um lugar maravilhoso, apesar de artificial: seu professor é pago para dar atenção às suas ideias, e seus colegas estão pagando para dar atenção às suas ideias. Você nunca terá outra vez na sua vida uma plateia tão fiel.

Pouco depois, você aprende que a maior parte do mundo não liga necessariamente para o que você pensa. Soa brutal, mas é verdade. Como o escritor Steven Pressfield diz: "Não é que as pessoas sejam más ou cruéis, elas só estão ocupadas."

Isso, na verdade, é algo bom, porque você só quer atenção quando está fazendo um trabalho realmente bom. Não há pressão quando você é desconhecido. Pode fazer o que quiser. Experimentar. Fazer coisas só pela diversão. Quando você é desconhecido, não há nada que o desvie do propósito de melhorar. Nenhuma imagem pública para gerenciar. Nenhum grande contrato à vista. Nenhum acionista. Nenhum e-mail do seu agente. Nenhum aproveitador.

Você não terá mais essa liberdade quando as pessoas começarem a prestar atenção em você, principalmente depois de começarem a te pagar.

Aproveite seu anonimato enquanto durar. Use-o.

A FÓRMULA NÃO-TÃO-SECRETA

Se houvesse uma fórmula secreta para se tornar conhecido, eu a daria para você. Mas há apenas uma fórmula não-tão-secreta que conheço: faça um bom trabalho e compartilhe-o com as pessoas.

É um processo em duas etapas. Etapa um, "fazer bom trabalho", é incrivelmente difícil. Não há atalhos. Faça coisas todo dia. Saiba que você ficará travado por algum tempo. Falhe. Melhore. Etapa dois, "compartilhar com pessoas". Era muito difícil há dez anos, mais ou menos. Agora, é muito simples: "Coloque suas coisas na internet."

Digo isso às pessoas e depois elas me perguntam: "Qual o segredo da internet?"

ETAPA UM:
PRESTE ATENÇÃO EM ALGO

ETAPA DOIS:
CONVIDE OS OUTROS A PRESTAREM ATENÇÃO COM VOCÊ

Etapa 1: Preste atenção em algo. **Etapa 2:** Convide os outros a prestarem atenção com você. Você deve reparar e surpreender-se com coisas nas quais ninguém mais está reparando. Se todos estão prestando atenção em maçãs, comece a reparar em laranjas. Quanto mais aberto você for para compartilhar suas paixões, mais próximas as pessoas se sentirão do seu trabalho. Artistas não são mágicos. Não há punição por revelar seus segredos.

Acredite ou não, pessoas como Bob Ross e Martha Stewart me inspiram bastante. Lembram de Bob Ross? O pintor da PBS com o penteado afro e as arvorezinhas felizes? Bob Ross ensinava às pessoas como pintar. Ele entregava seus segredos. Martha Stewart ensina como tornar sua casa e sua vida maravilhosas. Ela entrega seus segredos. As pessoas adoram quando você entrega seus segredos e, às vezes, se você for inteligente, elas o recompensam comprando as coisas que você vende.

Quando você abre as portas do seu processo e convida as pessoas para que o acompanhem, você aprende. Aprendi muito com aqueles que mandaram poemas para o meu site Newspaper Blackout. Encontro muitas coisas das quais roubar também. Beneficia tanto a mim quanto a eles.

Você não cria uma presença on-line só porque tem algo a dizer – pode colocar-se on-line para encontrar algo a dizer. A internet pode ser algo mais do que só um lugar de descanso para publicar suas ideias finalizadas – pode ser também uma incubadora para ideias que não estão completamente formadas, uma maternidade onde se desenvolvam trabalhos que você ainda não começou a fazer.

Muitos artistas se preocupam com a ideia de que estar on-line os levará a trabalhar menos, mas descobri que ter uma presença nas redes é o piparote que dispara o processo. A maior parte dos sites e blogs são formatados para mostrar os posts em ordem cronologicamente reversa – o último post é o primeiro a ser visto pelos visitantes, então você só é tão bom quanto o seu último post. Isso o mantém aceso, pensando sobre o que pode postar em seguida. Ter um recipiente pode nos inspirar a preenchê-lo. Sempre que me perco ao longo dos anos, olho para meu site e me pergunto: "Com o que posso preenchê-lo?"

A VIDA DE UM PROJETO*

- ESSA É A MELHOR IDEIA DE TODOS OS TEMPOS
- OK, ISSO É MAIS DIFÍCIL DO QUE PENSEI
- ISSO VAI DAR ALGUM TRABALHO
- ESTÁ UMA BOSTA – ALÉM DE CHATO
- (NOITE SOMBRIA DA ALMA)
- SERÁ BOM TERMINAR PORQUE VOU APRENDER ALGO PARA A PRÓXIMA VEZ
- ESTÁ TERMINADO E É UMA BOSTA, MAS NÃO TÃO RUIM QUANTO PENSEI

* ROUBADO DA MINHA AMIGA MAUREEN McHUGH

COMPARTILHE SEUS PONTOS, MAS NÃO OS CONECTE.

Aprenda a mexer com códigos. Entenda como fazer um site. Entenda como blogar. Entenda o Twitter, as mídias sociais e todas essas coisas. Encontre pessoas na internet que amem as mesmas coisas que você e conecte-se a elas. Compartilhe coisas com elas.

Você não tem que compartilhar tudo – na verdade, às vezes é melhor não. Mostre apenas um pouco do que está fazendo. Compartilhe um esboço, um rabisco ou fragmento. Compartilhe um vislumbre do seu processo. Pense sobre o que você tem a compartilhar que seria de valor para as pessoas. Compartilhe uma dica conveniente que você aprendeu trabalhando. Ou um link para um artigo interessante. Mencione um livro bom que esteja lendo.

Se você está preocupado em entregar seus segredos, pode compartilhar seus pontos sem fazer a conexão entre eles. É o seu dedo que aperta o botão para publicação. Você tem o controle sobre o que compartilha e o quanto revela.

> "Não se preocupe com pessoas roubando suas ideias. Se elas são boas, você tem que empurrá-las goela abaixo."
>
> – Howard Aiken

⑦ A GEO
NÃO
MAIS

GRAFIA
MANDA
EM NÓS.

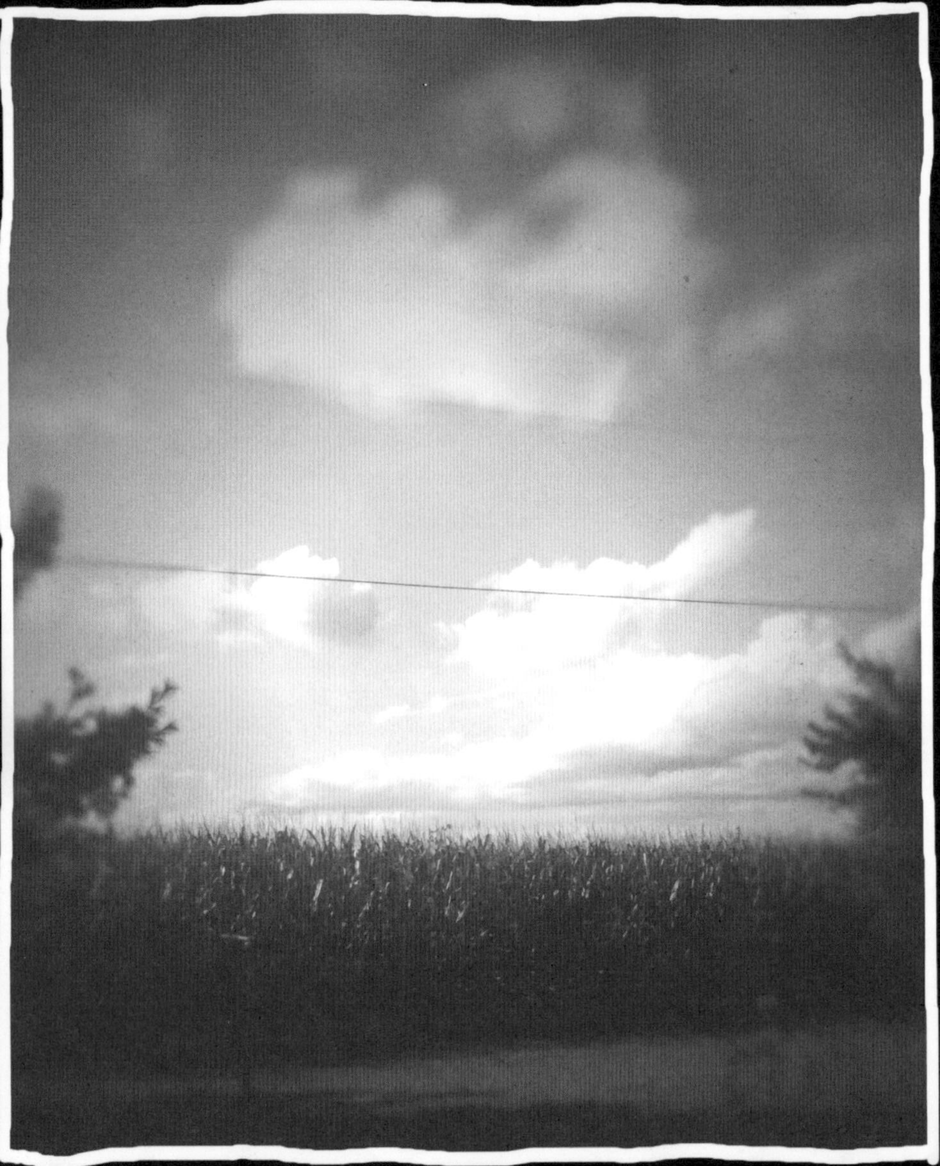

CONSTRUA SEU PRÓPRIO MUNDO.

Eu cresci no meio de um milharal no sul de Ohio. Quando era criança, tudo o que eu queria era estar num lugar onde alguma coisa estivesse acontecendo.

Agora vivo em Austin, no Texas. Um lugar badalado. Vários artistas e tipos criativos por toda parte. E sabe o que mais? Eu diria que 90 por cento dos meus mentores e colegas não vivem em Austin. Eles vivem *por aí*. Conheço-os através da internet.

O que é o mesmo que dizer que muitos dos meus pensamentos e das conversas e relações ligadas à arte se desenvolvem on-line. Em vez de uma cena artística geográfica, tenho companheiros de Twitter e Google Reader.

Você não precisa morar em qualquer outro lugar além de onde você está para começar a se conectar com o mundo em que deseja entrar. Se você se sente estagnado em algum lugar, se for jovem demais ou velho demais ou sem grana, ou se de alguma maneira está preso a um lugar, use o coração. Há uma comunidade de pessoas lá fora com a qual você pode se conectar.

Enquanto isso, se você não está envolvido com o mundo em que vive, pode construir o seu próprio. (Agora seria um bom momento para colocar seus fones de ouvido e deixar no gatilho a música "In My Room", dos Beach Boys.) Cerque-se de livros e objetos que ama. Pregue coisas na parede. Crie seu próprio mundo.

Franz Kafka escreveu: "Não é necessário sair de casa. Sente-se à sua mesa e ouça. Nem mesmo ouça, apenas espere. Não espere, fique quieto e a sós. O mundo inteiro irá oferecer-se a você." E Kafka nasceu um século antes da internet!

DESFRUTE DO CONFINAMENTO.

Tudo de que você precisa é de um pouco de espaço e um pouco de tempo – alguma solidão autoimposta e confinamento temporário. Se a situação atual não permite isso, às vezes é possível encontrar solidão e confinamento do lado de fora. Quando eu era criança, minha mãe costumava me arrastar ao shopping. Antes de começar a fazer suas compras, ela me levava para a livraria e comprava qualquer livro que eu quisesse. Ao entrarmos nas lojas, eu sentava numa cadeira e lia meu livro enquanto ela fazia compras. Foi assim por anos. Li vários livros.

Agora tenho um carro e um telefone celular. Estou sempre conectado, nunca sozinho ou confinado. Por isso, pego o ônibus para ir e voltar do trabalho, mesmo que leve vinte minutos a mais do que se fosse de carro. Vou a um barbeiro que atende por hora de chegada, sem wi-fi, e que tem uma fila de espera de algumas horas. Mantenho meu laptop fechado no aeroporto. Passo um tempo na biblioteca.

Sempre carrego um livro, uma caneta e um caderno de anotações, e sempre desfruto da minha solidão e do confinamento temporário.

SAIA DE CASA.

> "Distância e diferença são o tônico secreto da criatividade. Quando chegamos em casa, a casa continua a mesma. Mas algo em nossa mente mudou, e isso altera tudo."
>
> – Jonah Lehrer

Dizer que a geografia não manda mais em nós não é dizer que o lugar não é importante. O lugar onde escolhemos viver ainda tem um impacto imenso no trabalho que fazemos.

Em algum momento, quando você puder, saia de casa. Sempre pode voltar, mas tem que sair pelo menos uma vez.

Seu cérebro fica confortável demais no cotidiano que o cerca. Você precisa deixá-lo desconfortável. Precisa passar algum tempo em outra terra, entre pessoas que fazem coisas de uma maneira diferente da sua. Viajar faz o mundo parecer novo, e quando o mundo parece novo, nosso cérebro trabalha com mais empenho.

O período em que tive sorte o bastante para viver na Itália e Inglaterra entre meus 19 e 20 anos certamente mudou minha vida, mas vale lembrar que uma cultura estrangeira não necessariamente está do outro lado do oceano ou em outro país – para a maioria das pessoas que cresceu onde cresci, o Texas pode parecer Marte. (Estou vivendo aqui há algum tempo. Às vezes ainda parece Marte.)

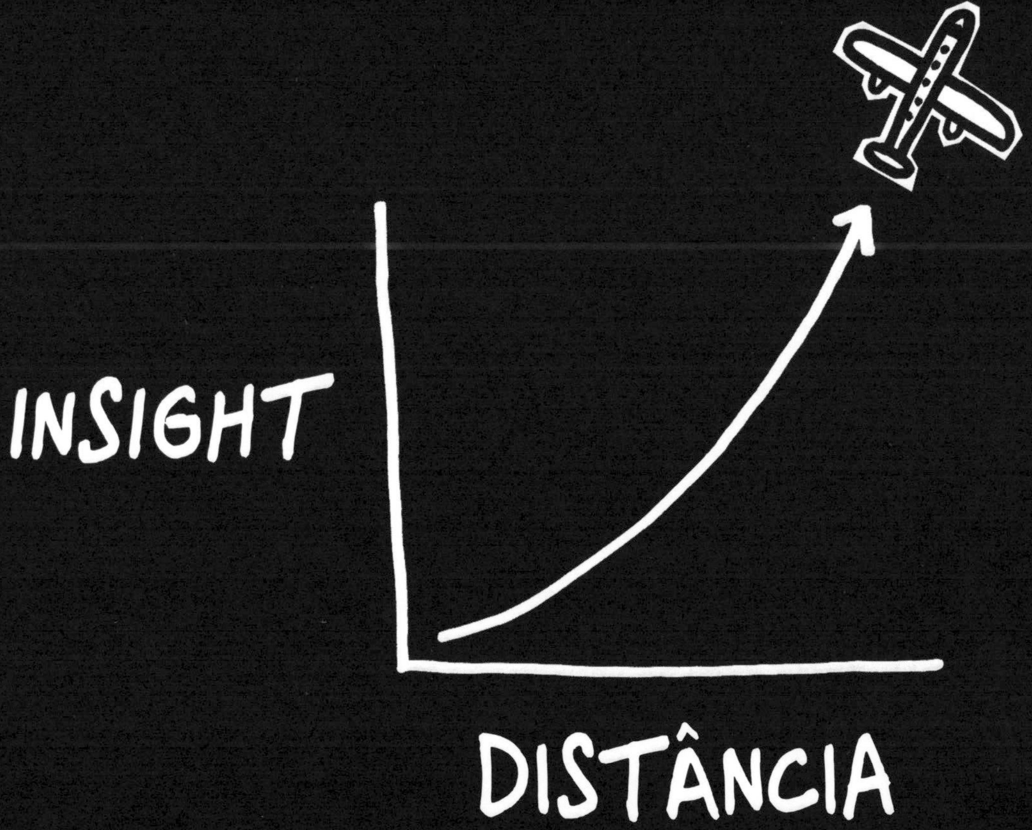
INSIGHT
DISTÂNCIA

Se temos a noção de que precisamos sair de casa, para onde deveríamos ir? Onde devemos escolher viver? Há vários fatores diferentes para se considerar, e todos eles dependem do seu gosto. Pessoalmente, penso que climas ruins levam a uma arte melhor. Você não quer sair, por isso fica em casa e trabalha. Quando vivia em Cleveland, terminava boa parte do meu trabalho nos meses brutais de inverno. Aqui no Texas, finalizo todo meu trabalho nos perversos verões quentes. (O inverno de Cleveland e o verão do Texas duram mais ou menos o mesmo tempo – metade do ano.)

Viver cercado de pessoas interessantes ajuda, e não é necessário que sejam pessoas que fazem o que você faz. Sinto-me um pouco incestuoso quando saio só com amigos escritores e artistas, então aprecio os vários cineastas, músicos e *geeks* tecnológicos que vivem em Austin. Ah, e comida. A comida deve ser boa. Você tem que achar um lugar que o alimente – criativa, social, espiritual e literalmente.

Mesmo que você monte uma nova casa, terá que deixá-la de vez em quando. E, em algum momento, pode precisar seguir adiante. A boa notícia é que, atualmente, muitos dos seus amigos estão sempre lá onde você os deixou – na internet.

⑧ SEJA

(O MUNDO

CIDADE

LEGAL.

É UMA

PEQUENA.)

AQUI PARA FAZER AMIGOS

FAÇA AMIGOS, IGNORE INIMIGOS.

**Há só uma razão pela qual estou aqui:
estou aqui para fazer amigos.**

A regra de ouro é ainda mais dourada em nosso mundo hiperconectado. Uma lição importante para aprender: se você falar de alguém na internet, eles saberão. Todos têm um alerta do Google para o nome deles. A melhor maneira de superar seus inimigos na internet? Ignorá-los. A melhor maneira de fazer amigos na internet? Dizer coisas legais a respeito deles.

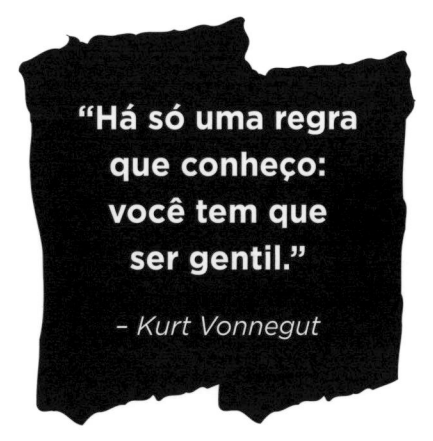

> "Há só uma regra que conheço: você tem que ser gentil."
>
> – Kurt Vonnegut

FIQUE PERTO DO TALENTO.

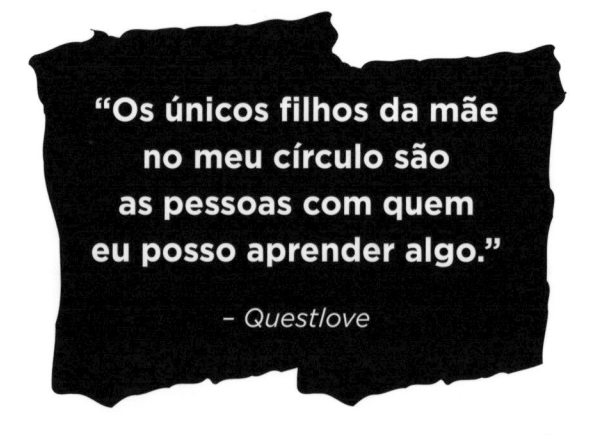

> "Os únicos filhos da mãe no meu círculo são as pessoas com quem eu posso aprender algo."
>
> – Questlove

Lembra de "lixo que entra é lixo que sai"? Você será tão bom quanto as pessoas das quais você se cerca. No espaço digital, isso significa seguir as melhores pessoas on-line – as pessoas que são muito mais espertas e melhores que você, as pessoas que estão

VOCÊ PRECISARÁ DE:

- ☐ CURIOSIDADE
- ☐ GENTILEZA
- ☐ PERSEVERANÇA
- ☐ DISPOSIÇÃO PARA PARECER ESTÚPIDO

fazendo trabalhos realmente interessantes. Preste atenção nos assuntos sobre os quais eles falam, o que estão fazendo, o que estão compartilhando.

Harold Ramis, o ator e diretor mais conhecido pela minha geração por seu papel como Egon no filme *Os Caça-Fantasmas*, uma vez revelou sua regra para o sucesso: "Encontre a pessoa mais talentosa na sala e, se não for você, fique perto dela. Saia com ela. Tente ajudá-la." Ramis teve sorte: a pessoa mais talentosa na sala era seu amigo Bill Murray.

Se você alguma vez perceber que é a pessoa mais talentosa na sala, está na hora de achar outro lugar para você.

"PARE DE PROCURAR BRIGA E VÁ FAZER ALGUMA COISA."

Você vai ver muita coisa estúpida lá fora e sentirá que precisa corrigi-las. Uma vez eu estava tarde da noite no meu laptop e minha mulher gritou: "Pare de procurar briga no Twitter e vá fazer alguma coisa!"

Ela estava certa. Mas o ódio é uma das minhas fontes criativas favoritas. Henry Rollins disse que ele é indignado e curioso, e isso é o que o mantém em ação. Algumas manhãs, quando não consigo me levantar, fico deitado na cama e leio meus e-mails

RAIVA

e Twitter até meu sangue começar a ferver e eu ficar aceso o bastante para pular da cama. Mas, em vez de gastar minha raiva reclamando ou partindo para cima das pessoas, tento canalizá-la para a minha escrita e os meus desenhos.

Então vá em frente, fique indignado. Mas mantenha o bico calado e vá fazer seu trabalho.

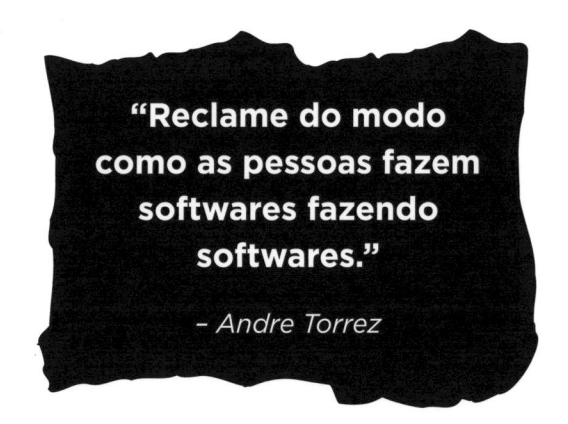

"Reclame do modo como as pessoas fazem softwares fazendo softwares."

- Andre Torrez

ESCREVA CARTAS DE FÃ.

Quando era mais novo, escrevi muitas cartas de fã e tive a boa sorte de receber respostas de vários dos meus heróis. Mas percebi que o problema das cartas de fãs é que há uma pressão embutida para que o destinatário as responda. Muitas vezes, quando escrevemos cartas de fã, estamos em busca de uma bênção ou uma afirmação. Como meu amigo Hugh MacLeod diz: "A melhor maneira de conseguir aprovação é não precisar dela."

Se você realmente ama o trabalho de alguém, não deveria precisar de uma resposta. (E se a pessoa para a qual você queria escrever está morta há cem anos, então você realmente não está com sorte.) Por isso, recomendo cartas de fã públicas. A internet é muito boa para isso. Escreva um post num blog sobre o trabalho de alguém que você admira e faça um link com o site desse alguém. Faça algo e dedique a seu herói. Responda a uma questão que ele levantou, resolva um problema para ele, aperfeiçoe o trabalho dele e o compartilhe on-line.

Talvez seu herói ou sua heroína veja seu trabalho, talvez não. Talvez responda a você, talvez não. O importante é mostrar sua admiração sem pedir nada em troca, e quem sabe, dessa admiração saiam trabalhos novos.

PERMIT

ME

PERMITA-ME

VALIDAÇÃO É PARA SEU CARTÃO DE ESTACIONAMENTO.

> "Arte moderna = Eu poderia fazer isso + Pois é, mas não fez."
>
> – Craig Damrauer

O problema do trabalho criativo: às vezes, quando as pessoas percebem o que é valioso no que você faz, você ou a) já está totalmente entediado com ele, ou b) está morto. Você não pode ficar procurando validação em fontes externas. Uma vez que coloca seu trabalho no mundo, você não tem controle sobre como as pessoas reagirão a ele.

Ironicamente, trabalhos realmente bons parecem não ter demandado esforço algum. As pessoas dizem: "Por que não pensei nisso?" Elas não veem os anos de trabalho árduo e suor empregados em sua criação.

Não é todo mundo que vai entender. As pessoas vão interpretá-lo errado, bem como o que você faz. Podem até xingá-lo. Então fique à vontade em ser mal compreendido, menosprezado ou ignorado – o truque é estar trabalhando, ocupado demais para se importar.

MANTENHA UM ARQUIVO DE APLAUSOS.

A vida é um negócio solitário, geralmente repleta de desencorajamento e rejeição. Sim, validação é para o seu cartão de estacionamento, mas mesmo assim é um impulso tremendo quando dizem algo legal sobre nosso trabalho.

Ocasionalmente, tenho a graça de ver algo decolar on-line e, por uma semana ou duas, nado entre tweets e e-mails simpáticos de pessoas descobrindo meu trabalho. É uma maravilha. E desorientador.

SEM DOR

É uma grande onda. Mas sempre sei que essa onda vai perder força, e que algumas semanas adiante terei um dia sombrio em que desejarei parar, me questionando por que diabos ligo para isso tudo.

É por isso que coloco todo e-mail legal que recebo numa pasta especial. (E-mails malcriados são deletados imediatamente.) Quando aqueles dias sombrios chegam e eu preciso de uma força, abro a pasta especial e leio alguns e-mails. Então volto a trabalhar. Experimente: ao invés de manter um arquivo de rejeições, mantenha um arquivo de aplausos. Use-o moderadamente – não se perca nas glórias passadas –, mas deixe-o por perto para quando precisar levantar o astral.

⑨ SEJA

(É A ÚNICA

TERMINAR UM

CHATO.

MANEIRA DE TRABALHO.)

> "Seja constante e metódico na sua vida, para que possa ser violento e original no seu trabalho."
>
> – *Gustave Flaubert*

CUIDE DE VOCÊ.

Sou um cara sem graça com um emprego de nove às cinco vivendo numa vizinhança tranquila com minha mulher e meu cachorro. Aquela imagem romântica do gênio criativo tomando drogas e vadiando e dormindo com todo mundo está desgastada.
É para super-homens e pessoas que querem morrer cedo.
O negócio é: precisa-se de muita energia para ser criativo.
Você não vai ter essa energia se gastar em outras coisas.

É melhor admitir que você estará vivo por um tempo.
(É por essa razão que Patti Smith diz a jovens artistas para irem

ao dentista.) Tome o café da manhã. Faça umas flexões. Faça longas caminhadas. Durma bastante.

Neil Young cantava: "É melhor se queimar do que se apagar aos poucos." Digo que é melhor queimar devagar e ver seus netos.

FIQUE LONGE DE DÍVIDAS.

A maioria das pessoas que conheço odeia pensar em dinheiro. Faça um favor a você mesmo: aprenda a lidar com dinheiro o mais cedo que puder.

Meu avô costumava dizer ao meu pai: "Filho, o negócio não é o dinheiro que você faz, é o dinheiro que você guarda." Organize um orçamento. Viva dentro de suas possibilidades. Leve uma quentinha para o almoço. Guarde as moedinhas. Poupe o máximo que puder. Tenha a formação e a educação que precisa pelo preço mais baixo que achar. A arte de poupar dinheiro vem de dizer não à cultura do consumo. Diga não a apostas, a cafezinhos caros, e àquele novo computador bacana quando o seu antigo ainda funciona bem.

1. **You would like to think that** **Bohemia** **is** **a kind of** **work**

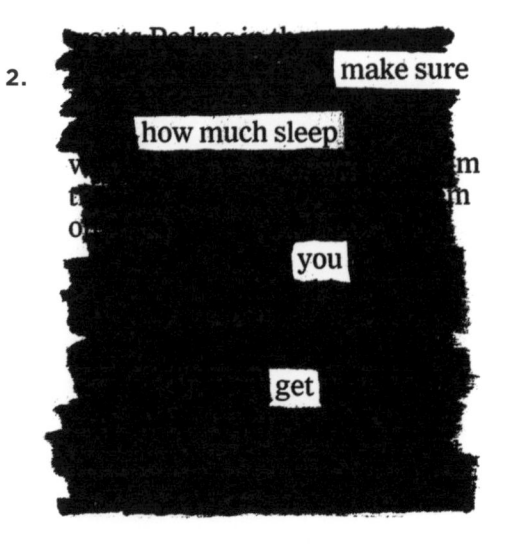

2. **make sure** **how much sleep** **you** **get**

3. **know** **money**

4. **put the time** **in**

1. Você gostaria de pensar que boemia é um tipo de trabalho
2. garanta o quanto você dorme
3. conheça dinheiro
4. dedique-se

MANTENHA SEU EMPREGO FIXO.

A verdade é que mesmo se você tiver sorte o bastante para sustentar-se com o que realmente ama, levará algum tempo até chegar a esse ponto. Até lá, você precisará de um emprego durante o dia.

Um emprego te dá dinheiro, uma conexão com o mundo e uma rotina. Ficar livre de estresse financeiro também significa liberdade para a sua arte. Como o fotógrafo Bill Cunningham diz: "Se não há dinheiro envolvido, eles não podem te dizer o que fazer."

Um emprego faz você encontrar outros seres humanos. Aprender com eles, roubar deles. Tentei arranjar empregos onde pudesse aprender coisas que ajudassem em meu trabalho – meu emprego na biblioteca me ensinou a fazer pesquisa, meu emprego como web designer me ensinou a construir sites, e meu emprego de redator me ensinou a vender coisas com as palavras.

A pior coisa que um emprego faz é tirar seu tempo, mas ele recompensa ao dar uma rotina na qual você pode reservar um horário fixo para suas buscas criativas. *Estabelecer e manter uma rotina pode ser ainda mais importante do que ter muito tempo.* A inércia é a morte da criatividade. Você tem que manter o ritmo. Quando sair do ritmo, começará a temer o trabalho, porque sabe que ficará uma droga por algum tempo – ficará assim até você voltar ao pique.

A solução é muito simples: veja que horário você pode arranjar, qual tempo pode roubar, e fique atento à sua rotina. Faça o trabalho todo dia, não importa o que aconteça. Nada de feriados, nada de dias de cama. Não pare. Provavelmente, o que você irá descobrir é que o corolário da Lei de Parkinson frequentemente é verdade: o trabalho é concluído no tempo disponível.

Ninguém está dizendo que será divertido. Muitas vezes você sentirá que vive uma vida dupla. O poeta Philip Larkin disse que a melhor coisa a fazer é "tentar ser completamente esquizoide – usando cada personalidade como um refúgio da outra".

O truque é encontrar um emprego fixo que pague decentemente, não o faça querer vomitar e o deixe com energia suficiente para fazer coisas no seu tempo livre. Bons empregos fixos não são necessariamente fáceis de encontrar, mas estão por aí.

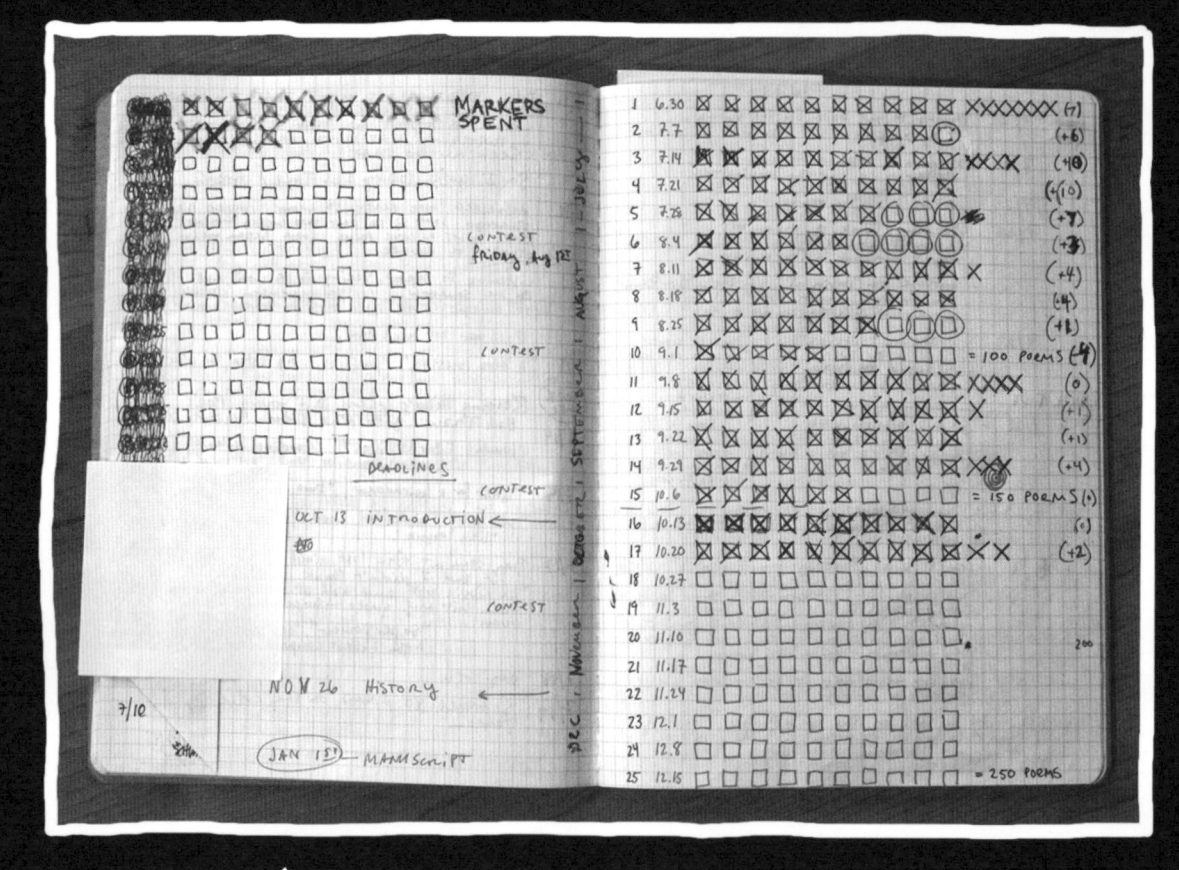

O CALENDÁRIO QUE USEI PARA MEU PRIMEIRO LIVRO

ARRANJE UM CALENDÁRIO PARA VOCÊ.

Reunir uma obra consistente ou construir uma carreira tem muito a ver com a lenta acumulação de pequenas partículas de esforço através do tempo. Escrever uma página por dia não parece muito, mas faça isso por 365 dias e você terá o bastante para preencher um romance. Uma reunião para apresentar ideias a um cliente bem-sucedida é uma pequena vitória, mas algumas dúzias podem te trazer uma promoção.

Um calendário ajuda a planejar o trabalho, dá objetivos concretos e o mantém consciente do percurso. O comediante Jerry Seinfeld tem um método de calendário que o ajuda a se manter em sua criação diária de piadas. Ele sugere que você arranje um calendário que te mostre o ano inteiro. Depois, você divide seu trabalho em sessões diárias. Todo dia, ao terminar o trabalho, marque um X grande e gordo no espaço daquele dia. Todo dia, em vez de apenas fazer o seu trabalho, pense em só preencher aquele espaço. "Depois de alguns dias você terá uma corrente", diz Seinfeld. "É só seguir isso e a corrente vai crescer cada vez mais todo dia. Você vai gostar de ver essa corrente, principalmente quando estiver mais experiente, com a bagagem de algumas semanas. Seu único trabalho é não quebrar a corrente."

**Arranje um calendário. Preencha os espaços.
Não quebre a corrente.**

MANTENHA UM DIÁRIO DE BORDO.

Assim como você precisa de um registro dos acontecimentos futuros, precisa também de um registro dos acontecimentos passados. Um diário de bordo não é necessariamente um diário íntimo ou uma agenda, é como um pequeno livro onde você lista as coisas que faz todo dia. Em qual projeto trabalhou, onde foi almoçar, a qual filme assistiu. É bem mais fácil do que manter um diário detalhado, e você ficará surpreso com o quanto um diário de registros como esse pode ser útil, especialmente ao longo de vários anos. Os pequenos detalhes ajudarão você a lembrar-se dos grandes detalhes.

Em outros tempos, um diário de bordo era um lugar para marinheiros manterem-se cientes do quanto haviam viajado, e é exatamente isso que você está fazendo – acompanhando o quanto seu navio já navegou.

"Se você se pergunta 'Qual foi a melhor coisa que aconteceu hoje?', isso força um tipo de retrospectiva agradável, que vem das coisas sobre as quais você poderia escrever, coisas nas quais, de outro jeito, você não teria pensado. Se você se pergunta 'O que aconteceu hoje?', é bem provável que vá lembrar da pior coisa, porque teve que lidar com ela – teve que se apressar até algum lugar ou alguém te disse algo ruim. Mas se perguntar qual foi a melhor coisa, será uma forma particular de lembrar como a luz entrava, ou alguma expressão incrível que alguém disse, ou uma salada especialmente deliciosa."

– *Nicholson Baker*

SUNDAY February 8

HEAVY READING*

- 🍳 Nice breakfast @ mi madre's
- ✂️ Drove to 1/2 price, shopped, then got my hair cut w/o meg
- #?!@ Assembled our bed.
- * Big fat woman sat on my jung paperback @ supercuts
- 📺 god-awful Grammy Awards!

Cloudy + warm

SUNDAY September 6

"some are born to sweet delight"

AWESOME DAY

- ☕ coffee + pb+j
- 〰️ pool to ourselves
- 🖌️ painting furniture — that stuff'll make yr hair fall out!
- 🚗 LOCKHART! — fire pit
  Smitty's (★★★★★!)
- 💤 FOOD COMA
- 🎬 DEAD MAN (★★★★) @ the Alamo by myself, met Jason + Maile
- 🥤 MADMEN + smoothies w/ meg

PÁGINAS DO MEU DIÁRIO DE BORDO

"Ela me resgatou. Estaria tocando numa churrascaria se não fosse por ela. Nem numa churrascaria eu estaria tocando. Estaria cozinhando numa churrascaria."

– *Tom Waits, sobre sua mulher e colaboradora, Kathleen Brennan*

CASE BEM.

Escolher com quem se casar é a decisão mais importante que você tomará. E "case bem" não vale só para seu parceiro ou parceira de vida, mas também para as pessoas com quem faz negócios, cria amizades, quem você escolhe encontrar. Relacionamentos já são difíceis o suficiente, mas é preciso uma pessoa realmente incrível para se casar com alguém obcecado com busca criativa. Várias vezes é preciso que ela seja empregada, cozinheira, palestrante motivacional, mãe e editora – tudo de uma vez.

Um bom parceiro ou parceira te mantém com os pés no chão. Um amigo uma vez comentou que morar com um artista deve tornar nossa casa muito inspiradora. Minha mulher brincou: "Ah sim, é como morar com Da Vinci." Ela é um gênio.

⑩ CRIA

É SUB

TIVIDADE

TRAÇÃO.

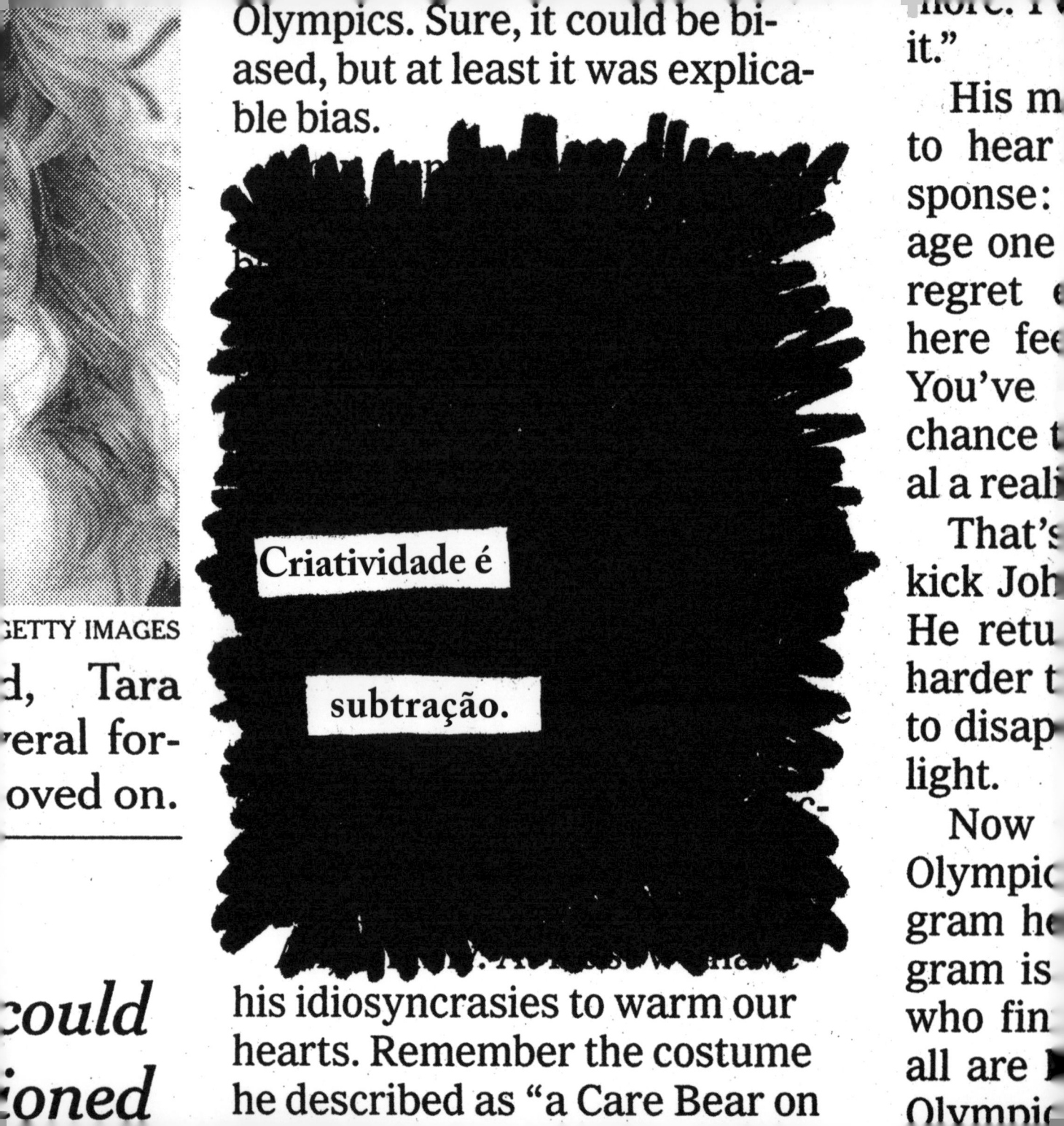

Olympics. Sure, it could be biased, but at least it was explicable bias.

Criatividade é subtração.

his idiosyncrasies to warm our hearts. Remember the costume he described as "a Care Bear on

ESCOLHA O QUE DEIXAR DE FORA.

Nessa era de abundância e sobrecarga de informação, aqueles que estarão à frente serão aqueles que souberem o que deixar de fora, para assim poderem se concentrar no que é realmente importante. Nada é mais paralisante do que a ideia de possibilidades ilimitadas. A ideia de que você pode fazer qualquer coisa é apavorante.

A maneira de superar bloqueios criativos é simplesmente se impor algumas restrições. Parece contraditório, mas quando o assunto é trabalho criativo, limitação é liberdade. Componha uma música no seu intervalo de almoço. Pinte um quadro com uma única cor. Comece um negócio sem qualquer capital de empresas *start-ups*. Faça um filme com seu iPhone e alguns amigos. Construa uma máquina a partir de peças avulsas. Não invente desculpas para não trabalhar – faça coisas com o tempo, o espaço e os materiais que você tem, agora mesmo.

A restrição certa pode levá-lo ao seu melhor trabalho. Meu exemplo favorito? Dr. Seuss escreveu *O gatola da cartola* com apenas 236 palavras diferentes, então seu editor apostou que ele não conseguiria escrever um livro só com 50 palavras diferentes. Dr. Seuss voltou e ganhou a aposta com *Green Eggs and Ham*, um dos livros infantis mais vendidos de todos os tempos.

> "Dizer a si mesmo que tem todo o tempo do mundo, todo o dinheiro do mundo, todas as cores na paleta, qualquer coisa que quiser – isso só mata a criatividade."
>
> – *Jack White*

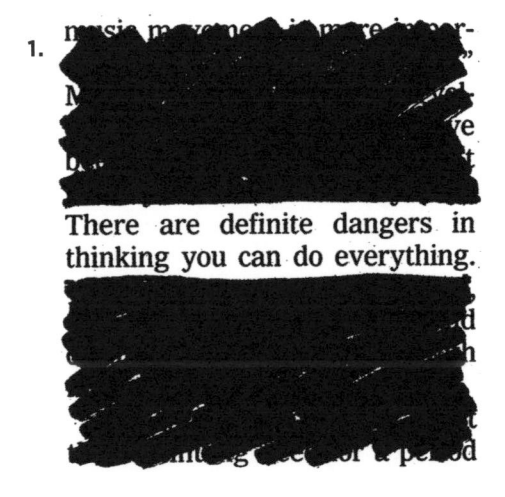

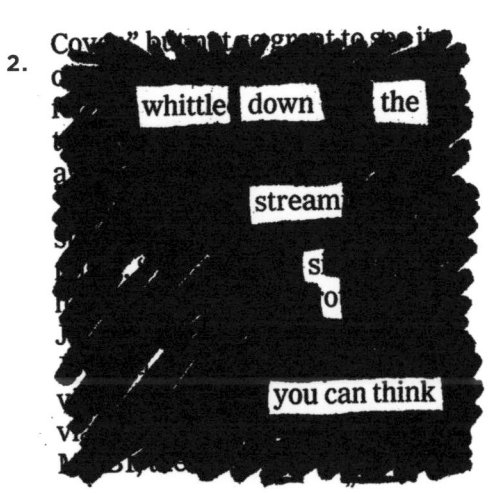

1. There are definite dangers in thinking you can do everything.

2. whittle down the stream ... you can think

3. do with less

4. start now

1. Há perigos irreparáveis em pensar que você pode fazer tudo
2. sossegue o facho para poder pensar
3. faça com menos
4. comece agora

O artista Saul Steinberg dizia: "Reagimos numa obra de arte à luta do artista contra suas próprias limitações." Frequentemente, é o que o artista escolhe deixar de fora que torna a arte interessante. O que é mostrado *versus* o que não é. É o mesmo para pessoas: o que nos torna interessantes não é só o que experimentamos, mas também o que não experimentamos. O mesmo vale para quando você faz o seu trabalho: precisa aceitar suas limitações e seguir adiante.

No fim das contas, criatividade não é apenas o que escolhemos usar, são as coisas que escolhemos deixar de fora.

Escolha com sabedoria.

E divirta-se.

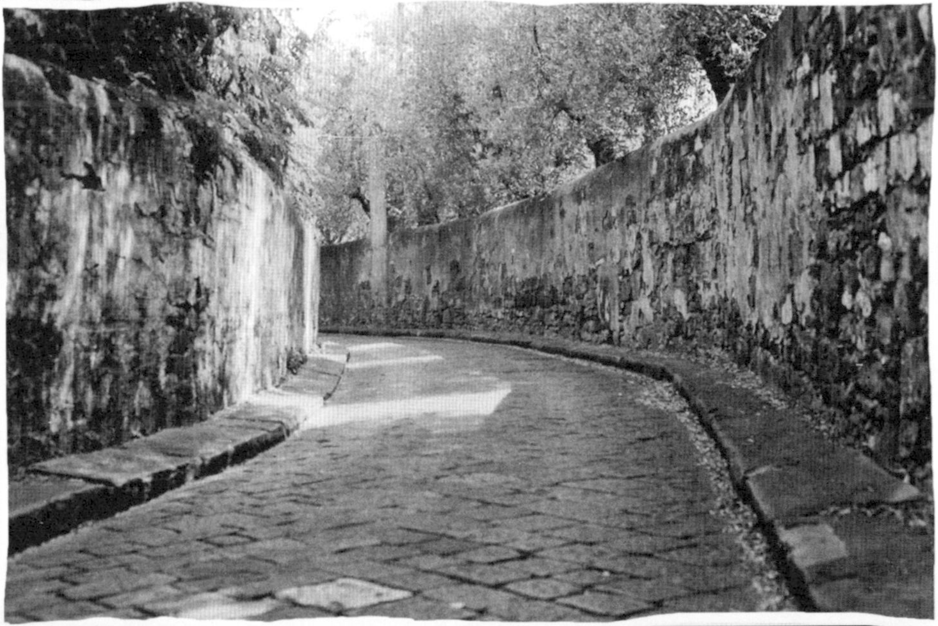

E AGORA?   {

- ☐ DAR UM PASSEIO
- ☐ COMEÇAR SEU ARQUIVO DE FURTOS
- ☐ IR À BIBLIOTECA
- ☐ COMPRAR UM CADERNO DE ANOTAÇÕES E USÁ-LO
- ☐ ARRANJAR UM CALENDÁRIO
- ☐ COMEÇAR UM DIÁRIO DE BORDO
- ☐ DAR UMA CÓPIA DESTE LIVRO A ALGUÉM
- ☐ COMEÇAR UM BLOG
- ☐ TIRAR UMA SONECA

LEITURAS RECOMENDADAS

- BARRY, LINDA, WHAT IT IS
- MACLEOD, HUGH, IGNORE EVERYBODY
- FRIED, JASON + HANSSON, DAVID HEINEMEIER, REWORK
- HYDE, LEWIS, A DÁDIVA – COMO O ESPÍRITO CRIATIVO TRANSFORMA O MUNDO
- LETHEM, JONATHAN, THE ECSTASY OF INFLUENCE
- SHIELDS, DAVID, REALITY HUNGER
- MCCLOUD, SCOTT, DESVENDANDO OS QUADRINHOS
- LAMOTT, ANNE, PALAVRA POR PALAVRA, INSTRUÇÕES SOBRE ESCREVER E VIVER
- CSIKSZENTMIHALYI, MIHALY, APRENDER A FLUIR
- EMBERLEY, ED, MAKE A WORLD

S.Q.P.V.
(SUA QUILOMETRAGEM PODE VARIAR!)

ALGUNS CONSELHOS PODEM TER FALHAS.

SINTA-SE LIVRE PARA PEGAR
O QUE VOCÊ PODE USAR E DEIXAR O RESTO.

NÃO HÁ REGRAS.

DIGA-ME O QUE VOCÊ ACHA OU DÊ UM ALÔ EM:

WWW.AUSTINKLEON.COM

"CENAS DELETADAS"

ESTE LIVRO COMEÇOU SUA VIDA EM CARTÕES.
AQUI ESTÃO ALGUNS QUE FICARAM PARA TRÁS.

SEJA TÃO GENEROSO QUANTO PUDER, MAS EGOÍSTA O SUFICIENTE PARA TERMINAR SEU TRABALHO.

COLCHA DE RETALHOS
VS.
TRANÇADO

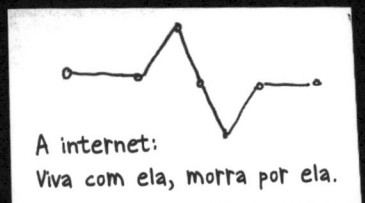

A internet:
Viva com ela, morra por ela.

Desenhado em escala

ORIGINALIDADE É EXTENSÃO + PROFUNDIDADE DE FONTES

CONTÊINER VS ESQUELETO

TODA ARTE É UMA COLABORAÇÃO.

Faça coisas para pessoas que você ama. Para pessoas que você quer conhecer.

SEUS PAIS INVENTARAM VOCÊ, E A PARTIR DAÍ VOCÊ ASSUME.

ROUBE DE SI MESMO.
SONHOS | MEMÓRIA.

CONTENHA MULTIDÕES.

ARTISTAS PRECISAM DE BOLSOS.

O TESTE "E DAÍ?"	VIAGEM TEMPO + ESPAÇO.	CONTEXTOMIA citações fora de contexto
VÁ MAIS FUNDO.	E SE DESISTIRMOS?	MUTAÇÕES VERSOS CONFUNDIDOS Cópias imperfeitas da memória
INFLUÊNCIA É ATIVA, NÃO PASSIVA.	CONFUSO, MAS NÃO PERDIDO. (Desorientado / Feito de vários ingredientes)	COMO VOCÊ QUER QUE SEJA SEU DIA?
LEIA SEMPRE, UM LIVRO É UMA LENTE PELA QUAL SE VÊ O MUNDO.	IMAGINAR VAGAR	Fique longe de fósforos
FAÇA ERRADO.	TORNE ESTRANHO. seus instrumentos como blocos de Lego.	EU VIM PARA O TEXAS PELA MITOLOGIA.

OBRIGADO

Para minha mulher, Meghan – minha primeira leitora,
primeira tudo.

Para meu agente, Ted Weinstein, meu editor, Bruce Tracy, minha designer
Lidija Tomas, e todas as pessoas fabulosas da equipe da Workman.
Vocês me deixaram profundamente impressionado.

Para todas as pessoas das quais roubei, incluindo mas não somente:
Lynda Barry, Ed Emberley, Hugh MacLeod, John T. Unger,
Jessica Hagy, Kirby Ferguson, Maureen McHugh, Richard Nash,
David Shields, Jonathan Lethem, Chris Glass e
o pessoal do wireandtwine.com, que me deixaram usar
a camisa deles, "Aqui para fazer amigos".

Para meus pais, Sally e Scott Kleon.

Para Amy Gash, por seu olhar delicado.

Para todos meus adoráveis amigos e familiares on-line e off-line,
que espalharam o post original do blog pela internet e me enviaram
várias fontes e citações como inspiração.

Finalmente, muito obrigado a Broome Community College
– sem seu convite para falar,
talvez nunca tivesse inventado a tal lista.

Clayton Cubitt

AUSTIN KLEON é um escritor que desenha. Seus livros *Roube como um artista*, *Mostre seu trabalho!* e *Roube como um artista – O diário*, todos publicados pela Rocco, já venderam mais de 1 milhão de exemplares pelo mundo. Ele fala sobre criatividade e arte on-line para organizações como SXSW, TEDx e em publicações como *The Economist* e *The Wall Street Journal*. Mora com sua família em Austin, Texas, onde mantém o site austinkleon.com constantemente atualizado.

RABISCOS ↘